LOS NIÑOS QUE FUIMOS, LOS PADRES QUE SOMOS

BEATRIZ CAZURRO

LOS NIÑOS QUE FUIMOS, LOS PADRES QUE SOMOS

**CÓMO ACERCARNOS A NUESTRA INFANCIA
PARA CONECTAR MEJOR CON NUESTROS HIJOS E HIJAS**

ÍNDICE

A Dani y a Laura, la montaña rusa más reveladora
y emocionante en la que siempre me subiré.

Y a Manu, por darme la mano
y atreverse a mirar a través del espejo.

ANTES DE EMPEZAR A LEER

A lo largo de este libro procuré utilizar, siempre que me fuera posible, el lenguaje inclusivo. Sin embargo, habrá casos en los que, por economía del propio idioma, emplee genéricos como *padre* o *niño*. Pido perdón especialmente a las familias monoparentales y homoparentales de madres en aquellas ocasiones en las que, por no encontrar otra vía idiomática, se sientan poco representadas.

Todos los casos que expondré aquí son ejemplos reales de pacientes. Cada caso o experiencia se mostrará manteniendo su esencia, pero cambiando tanto el nombre como ciertos detalles, con el fin de mantener la confidencialidad. Además, quisiera hacer una sugerencia. Seguramente, a algunas personas el contenido de este libro les despierte memorias o recuerdos enterrados. Puede que al leer sobre ciertos temas —o leer, en general, algún caso— aparezcan sensaciones que no sepas cómo manejar (dolor de estómago, aceleración del ritmo cardiaco, sueño...). Si algo de esto ocurre, te recomiendo que pares, que te tomes tu tiempo para retomar la lectura y que, si fuera necesario, pidas ayuda a alguien en quien confíes o te pongas en manos de un profesional.

Ahora sí...

Empezamos.

PRÓLOGO
La huella de nuestra relación

¿Qué pasaba si te caías cuando tenías cinco o seis años? ¿Tu madre corría hacia ti, te tomaba en sus brazos gritando preocupada, te regañaba por haberte caído? ¿Le restaba importancia y te decía que eso no era nada? ¿Te consolaba cariñosamente? ¿O quizá ni siquiera le permitías saber que te habías lastimado, porque creías que ya tenía mucho de lo que preocuparse?

¿Y si te dijera que el adulto y el progenitor que eres hoy tiene muchísimo que ver con cosas como esta y que el cómo trates a tus hijos tendrá un impacto decisivo en ellos a lo largo de toda su vida?

En los últimos años, empezamos a hablar con más franqueza sobre la realidad de la maternidad y la paternidad; del reto que supone ser responsable de la crianza y de la educación de un niño. Aún hoy, empieza muy tímidamente a estar permitido hablar no solo de lo bonito que es ser padre, sino de las renuncias, del cambio de vida; de las partes de uno mismo que emergen al tener un hijo y que puede que no conociéramos o que nos esté costando reconocer; de las dudas, de la culpa o del deseo de hacerlo bien y a la vez de querer salir corriendo (al menos un rato).

Ya no es tan raro escuchar testimonios de padres que no viven la paternidad como esa experiencia *mágica* por la que «todo vale la pena», sino como una experiencia compleja, en la que, además del amor inconmensurable hacia los hijos, también tienen cabida el rechazo, la ira, la soledad o un sinfín de miedos. Paralelamente, durante los últimos años, los libros dirigidos a padres aumentaron de forma exponencial intentando dar respuesta a todas esas inquietudes y emociones que acompañan la paternidad. Muchos de ellos (basándose en el impresionante avance de las investigaciones en las últimas cuatro o cinco décadas sobre el desarrollo del cerebro y el impacto de los vínculos que desarrollamos durante los primeros años) pusieron en entredicho muchas de las ideas y actuaciones más extendidas y aceptadas hasta ahora en relación con la crianza y la educación, tales como los castigos (mandarlos a su habitación, la silla de pensar, etcétera), proponiendo un giro radical a la hora de acercarnos a los niños.

Hoy en día sabemos, por ejemplo, que la manera en que aprendemos a gestionar nuestras emociones depende directamente de la manera en que nuestra figura principal de cuidado (nuestra madre, generalmente en esta sociedad) regula sus emociones y las nuestras durante los primeros años de vida. Tenemos evidencias sobre cómo nuestro sistema nervioso estructura su funcionamiento basándose en los cuidados que recibimos y cómo esta forma de organizarse tendrá una relación directa con nuestra manera de entender el mundo y de relacionarnos. E, igualmente, de que el desarrollo de nuestro hemisferio derecho durante el primer año de vida depende de cómo pueda conectar con él el hemisferio derecho de nuestra madre. Sabemos que el ambiente, incluso antes del parto, tiene un gran impacto en si se expresan o no algunos de nuestros genes, y que, por tanto, los traumas de nuestros antepasados pudieron dejar una *huella genética* en nosotros. En definitiva, el trato que recibimos de pequeños, la cercanía, la atención y la seguridad que nos aporten nuestras figuras de apego principales alteran nuestro cerebro y, en gran medida, moldean al adulto que algún día seremos. Hasta hace poco, y aunque ya se había teorizado desde algunas corrientes de la psicología sobre su importancia, no existía aún tanta certeza en la neurociencia que sostuviera la teoría de que el impacto que las relaciones tempranas tenían sobre los niños fuera tal.

Toda esta nueva información, sobre la que se sustenta la llamada **teoría del apego,** es valiosísima, y **nos aporta un punto de vista nuevo, relevante y revolucionario** sobre cómo conseguir que nuestros hijos crezcan seguros de sí mismos, con los recursos necesarios para desenvolverse en su vida y evitar riesgos, tanto en sus relaciones como en su salud física y emocional. Resulta que nuestra relación con ellos es la herramienta más potente que tenemos para contribuir a su bienestar presente y futuro; nuestra manera de tratarlos es el mejor vehículo para que aprendan muchas de las cosas que queremos que aprendan.

Lo interesante y tremendamente esperanzador que se desprende de estos nuevos descubrimientos es que los temas que conciernen a nuestros hijos, y por los que los adultos nos preocupamos, algunos de esos comportamientos que se consideran problemáticos o esos síntomas que aparecen en algunos manuales diagnósticos descritos como una patología, desaparecen o bajan su intensidad y frecuencia cuando se comprende y atiende su mundo interior y se tiene verdaderamente en cuenta. Esto es, cuando los padres nos libramos de las distorsiones que no nos permiten conectar con nuestros hijos y trabajamos juntos en conseguir una forma de ayudarlos desde ahí. Yo misma lo he comprobado en mi experiencia como psicoterapeuta y también como madre.

Gracias a la teoría del apego tenemos cada vez más certezas sobre la importancia de los vínculos que establecemos con nuestros hijos durante sus primeros años de vida y el impacto que estos van a tener en su estado emocional, psicológico y físico; en sus relaciones con los demás y con el mundo, y en su desarrollo neurológico. Los descubrimientos de la neurociencia sobre emociones, trauma y sobre el funcionamiento de nuestro sistema nervioso apoyan esta teoría y nos sugieren que lo que se ha considerado durante muchos años *patológico* o *problemático,* es decir, lo que se considera habitualmente que hay que corregir, puede ser, en gran medida, una expresión de una falta de conexión y una falla en nuestra relación con nuestros hijos. Que no hay niños malos, sino niños que se encuentran en un entorno que necesita ser revisado. Esta sencilla idea, la de **cambiar el enfoque principal de la corrección a la conexión**, puede cambiar la vida de nuestros hijos y la nuestra de manera radical. Y, por tanto, será el objetivo alrededor del cual girará este libro.

> "
> El desarrollo de niños y niñas y su bienestar dependen de forma directa de nosotros como progenitores y figuras de apego. Con todo, no podemos perder de vista que está profundamente influenciado por factores sociales, culturales, económicos, locales, políticos...
> "

Aunque todo lo que voy a escribir va dirigido especialmente a padres y a madres, dado el increíble impacto que, como progenitores, tenemos sobre nuestros hijos, me gustaría que fuera útil para cualquier persona con ganas de reflexionar, y de ser posible, mejorar, respecto de su relación con la infancia: personas que aún no hayan formado su propia familia, pero piensen que algún día puedan tenerla. Tíos, tías o abuelos. Maestros. Personas dedicadas a pensar políticas para la infancia o que, por el motivo que sea, estén en contacto directo con niños. Y también, por qué no, a todo aquel que fue niño y busque reparar e integrar su propia infancia.

El hecho de ser adultos nos convierte inevitablemente en modelos. Somos el espejo en el que los niños se van a mirar, el ejemplo que van a interiorizar, una muestra de cómo pueden y deben moverse en el mundo en el que están, y es que, como parte de la sociedad, los niños se relacionan con muchas personas fuera de su círculo familiar o escolar. Tanto de forma directa: en los comercios, en la calle, en el dentista, en el médico, en los museos o teatros..., como de forma indirecta: en la tele, la radio, los anuncios, los catálogos de juguetes o a través de la ropa que fabricamos para ellos. Nos guste o no, todos nosotros nos cruzaremos con niños alguna vez o participaremos en algo que vean, registren y tenga un impacto, mayor o menor, en su vida.

Si aumentáramos la conciencia sobre la importancia de la huella que dejamos sobre los niños, sobre cuánto puede afectarles lo que les decimos, incluso si la intención con la que lo hacemos es, a nuestro parecer, *buena;* si nos planteáramos el valor que tiene cada interacción que se produce entre ellos y el mundo, cada mensaje respetuoso y ajustado a sus necesidades; si pusiéramos energía en que cada reacción nuestra hacia ellos fuera ejemplar, seguramente podríamos cambiar el mundo en tan solo una generación.

Me atrevo a afirmar que, hoy, vivimos en un mundo que trata a los niños de forma muy desajustada, desde todos y cada uno de los estratos de la sociedad (incluidos muchos de los que se dedican a la infancia), y también me atrevo a decir —porque he sido testigo de ello profesional y personalmente— que podemos movernos en una dirección más adecuada para ellos. Que, aunque soy muy consciente de que los cambios profundos son lentos y que el ritmo al que suceden no se puede controlar, de que tenemos muchas limitaciones y traumas, y de que sostenemos nuestro día a día en un montón de creencias falsas e informaciones desactualizadas, cualquier cambio aparentemente pequeño puede dejar una huella más grande de lo que podemos imaginar.

INTRODUCCIÓN

Hijos antes que padres, padres antes que hijos

P arece una obviedad, pero fuimos *hijos antes que padres,* aunque, generalmente, no lo tenemos suficientemente presente a la hora de ejercer la paternidad. A nosotros también nos criaron y nos educaron de una manera determinada e, igualmente, hubo momentos, quizá muchos, en los que no conectaron con nosotros tal y como lo necesitábamos. En aquella época la información no estaba al alcance de la mano, la situación sociocultural era diferente y existían, incluso más que ahora, muchas creencias y prácticas erróneas con respecto a los niños. Muchos de nosotros no fuimos vistos o tratados como habríamos necesitado, ni interpretados de forma ajustada a lo que nos ocurría en realidad.

Nuestra infancia posee un peso importante en nuestro comportamiento, en nuestra salud emocional, psicológica y física de hoy. Uno de los síntomas, paradójicamente, es la poca conciencia que los adultos tenemos, en general, de ese efecto, de lo que nos impactó a nosotros de niños y de qué forma lo hizo. En consecuencia, nos es más difícil descifrar y comprender la perspectiva de nuestros hijos y su manera de vivir las diferentes experiencias por las que pasan.

Susana llega a terapia para trabajar su ansiedad. Reconoce padecerla desde hace años, pero ahora se le está dificultando mucho la relación con sus dos hijos: le preocupa especialmente que se queda paralizada cuando los ve discutir. Al preguntarle a Susana por su infancia, me dijo que no creía que fuera importante hablar de ella, que fue una niña feliz y que sus padres fueron muy buenos con ella. Sin embargo, al explorar su infancia juntas, vimos que, en esta explicación, había obviado algunos hechos, como que su padre pegaba a su madre, que su madre dormía con un cuchillo debajo de la almohada o que su padre era alcohólico. Durante muchas sesiones, Susana contó todos estos episodios y, a la vez, aseguró que a ella nada de todo aquello le afectó, que ella recordaba su infancia muy feliz. Los problemas de sus hijos le despertaban sensaciones enormes de impotencia y miedo, así como una percepción de peligro y amenaza que había podido evitar sentir hasta ser madre.

Las creencias que tenemos sobre por qué hacen los niños lo que hacen y las ideas desde las que los tratamos en nombre de la educación muchas veces son creencias que incorporamos sin cuestionarnos, y que favorecen que nos perdamos la riqueza y la profundidad de su mundo interior y de su forma de comunicarse. Así también perdemos la posibilidad de que se sientan verdaderamente vistos y acompañados por dentro, con el riesgo indeseado de que sufran consecuencias en su bienestar emocional, psicológico y físico, tal y como nos ocurrió a nosotros.

Por eso, gran parte de los comportamientos que necesitamos corregir como padres —los gritos, los golpes, la falta de paciencia, la hiperexigencia, la incapacidad de separarnos o decir «no», o cualquier otra conducta que pueda estar afectando a su desarrollo, o dañando a nuestros hijos— no son más que el reflejo de la desconexión que vivimos en el pasado como hijos de nuestros padres.

Y es que nuestra experiencia como niños, nos guste o no, influirá inevitablemente en nuestra forma de tratar a nuestros hijos.

Además, ahora somos *padres* antes que *hijos*. Ya no somos niños, aunque duela reconocer que ya nadie nos cuidará como si lo fuéramos. Somos adultos y es nuestra responsabilidad hacernos cargo de lo que sea necesario, incluidas aquellas consecuencias que supongan dar pasos hacia un trato que favorezca el bienestar de nuestros hijos. Lo que ocurrió en nuestra infancia es, sin duda, importante, y puede que siga activo, sin integrar en nuestra forma de actuar o de relacionarnos, pero podemos profundizar en ello, atravesarlo, ponerlo en perspectiva, rescatar todos aquellos recursos que sí adquirimos y trabajar en nuevas herramientas para poder conectar con nuestros hijos y cubrir sus necesidades.

Por todo esto, a lo largo de este libro, se verá que ser hijo y ser padre son dos cosas que no pueden desligarse: se entremezclan y afectan la una a la otra constantemente. Aprendimos a ser padres siendo hijos, así que, si queremos mejorar, necesitamos conocer nuestra infancia, entender cómo nos hemos construido, acompañarnos y aprender a cuidarnos como habríamos necesitado que nos cuidaran. Conocernos y aceptarnos nos ayudará a conocer a nuestros hijos y a aceptarlos mejor. Aprender a acompañarnos nos ayudará a caminar mejor a su lado, y esto último, a su vez, nos puede abrir la puerta a acompañarnos mejor.

Lo importante es que podemos acercarnos a ser los padres que nuestros hijos precisan a pesar de nuestras necesidades no cubiertas de la infancia, de nuestras limitaciones, de nuestras creencias erróneas, de nuestras lealtades, de nuestros tabús y nuestros traumas.

Quizá sea frustrante descubrir esto, tomar conciencia de la complejidad y el compromiso personal que conllevan la maternidad y la paternidad; lo doloroso que en muchas ocasiones es transitar el camino de hacerse cargo de uno mismo con el fin de entender y tratar bien a nuestros hijos. Pero si lo pensamos bien, puede ser tan frustrante como liberador. No es que seamos incapaces, es que tenemos un montón de experiencias, sensaciones, recuerdos, ideas, relaciones, tabúes, tareas..., que están bloqueando la capacidad que sí tenemos de hacerlo.

Creo —o al menos espero— que el libro que tienes en las manos puede hacerte sentir acompañado en el dolor —seguramente encontrarás mucho—, y a la vez te ayudará a sentirte capaz para entenderlo; que seas consciente de que, aunque pueda haber muchas cosas «mal», siempre puedes dar un paso adelante para mejorar la relación con tus hijos. Paso a paso se construyen caminos, y está en tu mano hacerlo.

Y aunque sé que *sentirse capaz* y *sentir dolor* son expresiones que no suelen aparecer unidas, si te sumerges en este viaje, creo que no me equivoco al decir que vas a poder experimentar lo conectadas que están en realidad la una con la otra.

¡Bienvenido, bienvenida!

RESUMEN

- *Todos podemos contribuir a aumentar el bienestar de los niños.*
- *Tener hijos nos pone frente, aunque no lo hayamos pedido, a nuestra propia infancia.*
- *El buen trato no depende solamente de encontrar la información adecuada, sino de sumergirnos en nuestra experiencia como niños.*
- *Los descubrimientos en neurociencia de los últimos años ayudaron a entender el impacto profundo de nuestras experiencias de la infancia y la adolescencia en toda nuestra vida y en nuestro sistema nervioso.*

1

SER PADRE ES LO MEJOR QUE HAY

Vivimos en una sociedad en la que la positividad está sobrevalorada. Convertimos ser *positivos* en sinónimo de ser *felices* cuando, en realidad, a lo que estamos llamando *felicidad* es a escapar de lo desagradable, a negarlo o reprimirlo en un intento de hacerlo desaparecer. Creer que la felicidad tiene que ir ligada a una alegría perpetua es una trampa, ya que es un objetivo irreal e inalcanzable. Los seres humanos no estamos diseñados para funcionar así. Todas las emociones son importantes y necesarias; todas ellas necesitan ser atendidas y tenidas en cuenta, y no nos hacemos ningún favor al no darles el valor que tienen ni el espacio que necesitan.

———○ **Sara acababa de tener su segundo hijo.** Su hijo mayor tenía tan solo dos años más que el bebé, por lo que le estaba siendo muy complicado aceptar que su mamá tuviera que dividir el tiempo con el «nuevo inquilino». Los berrinches y llantos se habían convertido en la banda sonora de su casa y, además, esto estaba generando mucha tensión en la pareja, en la que había explotado un problema oculto desde hacía tiempo. Sara acudió a terapia para asesorarse sobre cómo manejar los celos de su hijo mayor. A pesar de comprender lo difícil que estaba siendo para él, sentía mucho rechazo cuando este lloraba o se enojaba, y se culpaba por no estar disfrutando de esta etapa y no tener energía para atenderlo. Le decían que debería estar feliz, que pensara en positivo, que era solo cuestión de cambiar de actitud. Sin embargo, lo que Sara necesitaba era espacio para comprender que lo que sentía era normal y que podía expresarlo. El agotamiento, la frustración y la soledad que estaba sintiendo eran legítimas y necesitaban ser atendidas de alguna forma. Sara necesitaba ese espacio para reconocer sus deseos y necesidades, para hablar de lo que esperaba y de lo que estaba ocurriendo; tenía que despedirse de la etapa anterior, hablar del problema con su pareja, de su ira, buscar recursos y herramientas para gestionar todos esos asuntos y así poder tener más margen para afrontar los retos de esta nueva etapa y estar presente para sus hijos. Pensar en positivo, de manera aislada, estaba invalidando toda su experiencia y generando muchísima culpabilidad, lo que, a su vez, estaba impidiendo que la situación pudiera mejorar poco a poco.

Con frecuencia intentamos encontrar el lado positivo de las malas noticias sin darnos siquiera tiempo de procesarlas. También escuchamos que con una buena actitud se consigue todo, y que si sonreímos el cerebro interpretará que estamos contentos y así abandonaremos la tristeza. Cuando nos encontramos con la realidad, cuando los sentimientos desagradables no se van o vemos que no podemos con todo, cuando nos frustramos y no podemos mantener el estado de ánimo que se supone que deberíamos mantener, creemos que somos nosotros, que funcionamos mal cuando lo que está mal es el mensaje.

Nos hablan de emociones positivas y negativas cuando ninguna es ni una cosa ni otra. Algunas emociones son mucho más agradables que otras, pero si después de tantísimos años de evolución, las seguimos teniendo, quizá podamos plantearnos que es porque son muy importantes para la supervivencia y para manejarnos en el mundo en el que vivimos.

Desde este prisma de **positividad forzada,** se nos muestran la maternidad y la paternidad como una etapa idílica de la vida por la que todas las renuncias valen la pena, y silenciamos así la cantidad de sensaciones y situaciones dolorosas, desagradables, indeseadas o violentas que vienen con ella. He escuchado a muchísimos padres decir que les avergonzaba contar lo que estaban viviendo por no encajar con lo que se supone que debían sentir. Madres que pasaron por depresiones posparto creyendo que era culpa suya no estar disfrutando y parejas en crisis que no pedían ayuda por creer que era un fracaso hacerlo. Tener hijos viene inevitablemente ligado a momentos duros y grandes sentimientos, muchas veces difíciles de manejar. Aceptar el cambio supone transitar todas esas emociones.

Existe una promesa implícita de que tener hijos es maravilloso, que tener hijos es lo mejor que se puede hacer en la vida, pero la maternidad y la paternidad están lejos de ser solo maravillosas; están llenas de sombras, baches, curvas y renuncias. Qué complicado es en este contexto nombrar lo difícil o lo que vivimos como negativo o desagradable. Aunque haya momentos de sonrisas, de orden o de armonía, hay muchísimos otros de caos, malestar, cansancio e incertidumbre.

Por este motivo, la experiencia de muchas familias cuando tienen un hijo por primera vez es muy frustrante y confusa. Lo que esperaban y la vivencia real pueden ser increíblemente diferentes. **Los padres necesitamos espacio para expresar nuestra experiencia real.** Necesitamos espacios donde expresar con libertad la realidad de lo que estamos viviendo y donde sea aceptada tal y como es para ayudarnos a aceptarla y vivirla desde lo que nos ocurre, y no desde lo que nos dicen que tiene que ocurrir. Hoy en día se habla de la aceptación como algo importantísimo para tener salud mental y gestionar las emociones, pero ¿cómo encaja aceptarse a uno mismo y esconder la vivencia real que se está teniendo? ¿Cómo puedo aceptarme y a la vez negar mi frustración, o mi depresión posparto? ¿O cuánto echo de menos el silencio, o la vida en pareja, o vivir sin discutir por temas de crianza?

Aceptar es aceptar. Todo. La parte agradable, las sonrisas, los abrazos, los primeros pasos, los balbuceos, los juegos, los besos y los «te quiero de aquí a la luna», pero también lo desagradable. Al contrario de lo que mucha gente piensa, aceptarlo no hará que ocupe más espacio, simplemente se trata de no negarle el espacio que ya tiene y hacernos cargo de ello.

Quizá podamos, antes de buscar la felicidad en la paternidad tal y como nos la vendieron, buscar tranquilidad, seguridad y aceptación. Una serenidad interna que nos permita aceptarnos como somos, aceptar también a nuestros hijos y la realidad que estamos viviendo. Cabe destacar que, aunque *aceptación* es un término que también está de moda y suena muy bonito, el proceso para alcanzarla suele ser engorroso y complejo. No se trata de algo mental, de una idea. No se trata de decir: «Pues ya está, acepto que no tengo paciencia», sino que **es un duelo. Una despedida de la expectativa o del deseo que teníamos,** un proceso emocional en el que, si nos escuchamos, quizá lloremos, o nos frustremos al sentirnos impotentes, temblemos... hasta poder aceptar. Aceptar la realidad proporciona paz especialmente porque nos permite vivir en el momento en el que estamos y ser realistas con respecto a los pasos que podemos dar. Nos permite disfrutar de lo que sí hay, tras despedirnos de lo que no, y caminar desde ahí. Quizá es desde ese lugar desde donde verdaderamente existirá la posibilidad de encontrar la felicidad.

RESUMEN

- *Todas las emociones son importantes.*
- *Ser felices no significa tener constantemente sensaciones agradables.*
- *La paternidad está llena de cambios y, por tanto, de emociones desagradables.*
- *Podemos priorizar la aceptación a la felicidad (tal y como se nos «vendió»), para disfrutar más de nuestra paternidad.*

2

HAY TANTAS FÓRMULAS COMO PADRES

S i alguien encontrara una fórmula universal para ser un buen padre o una buena madre, sin duda, se haría rico. A todos nos encantaría pensar que esa combinación, esa respuesta a qué es ser un buen padre o madre, es corta y concisa, fácil. Pero te adelanto que se trata de una respuesta bastante compleja.

Solemos asociar ser buen padre o madre a cumplir ciertos requisitos, a actuar de una determinada manera. El juicio propio o ajeno asoma fácilmente al primer error que veamos o cometamos. Lo curioso es que estos requisitos cambian según la experiencia y las creencias de cada persona. Lo que significa ser buen padre o madre para una persona puede ser diametralmente opuesto a lo que significa para otra.

——○ **Pedro tuvo un padre muy autoritario con el que padeció muchos problemas.** Cuando fue padre, decidió que él no quería ser una autoridad para su hijo Marc, sino una especie de *compañero*. Le dejaría decidir sus horarios, su ropa, su comida, si ir o no a la escuela. Para Pedro era fundamental que sus hijos sintieran que sus emociones y sus deseos fueran importantes y creía que ser buen padre significaba ser lo contrario al suyo. Pero Pedro empezó a preocuparse cuando vio que su hijo de cuatro años empezaba a tener conductas peligrosas: subirse a una mesa que estaba al lado de la ventana, morder un vaso de cristal... Se daba cuenta de que algo le pasaba a su hijo, pero no sabía qué. Descubrimos que Marc estaba buscando a su manera la seguridad de tener un padre que pudiera decir «no», y no tenía otra forma de decirle que necesitaba límites de protección, que necesitaba una figura de autoridad y no un amigo; que decidirlo todo era demasiado peso para él. Por supuesto, tuvimos que trabajar para que esa figura de autoridad encajara con su deseo de respetar y escuchar a su hijo, y con la idea, para algunas personas polémica, de que la falta de límites tampoco es respetuosa.

Manuel, en cambio, creció en una familia conservadora, «de las de toda la vida», como él mismo decía. En su casa, los niños obedecían o se les castigaba de manera muy dura. No existía la opción de decir que no a una petición de los adultos, fuera cual fuera. Él tenía claro que los niños buenos obedecían a sus padres y que para ser buen padre había que emplear cualquier método correctivo con tal de conseguirlo. Pero Manuel sufría porque, aunque su hija era muy obediente, no compartía con él nada de lo que le pasaba. La tenía que obligar a pasar tiempo juntos y él no entendía cuál era el problema, si estaba haciendo «todo lo que los buenos padres tienen que hacer», le estaba marcando el camino. Con Manuel hizo falta hablar mucho de emociones, de seguridad, de necesidades; de todo lo que no se ve, pero que está, para que entendiera cómo todo lo que él consideraba requisitos indispensables de un buen padre lo estaba alejando emocionalmente de su hija y la estaba dañando...

Tanto Pedro como Manuel estaban haciendo lo que creían que era mejor, y tanto el uno como el otro tenían un punto ciego que les impedía darles a sus hijos algo que estos necesitaban. Para Pedro fue muy difícil asumir que el hecho de que su padre fuera predecible y le pusiera límites en ocasiones fue positivo, pero también le costó aprender a desligar los límites de la violencia con la que él los imponía. Para Manuel fue complicado asumir que sus padres no habían tomado en cuenta sus emociones y que se habían centrado en que se comportara de la forma que se consideraba aceptable, y cómo eso lo había ayudado a evitar también los castigos tan duros que ponían en su escuela o a saber seguir directrices del jefe que tenía en la actualidad.

En términos generales, todos queremos que nuestros hijos crean que hemos sido buenos padres y que recuerden con cariño su infancia. También de forma general, los padres queremos mejorar con respecto a nuestros padres, aprender de lo que consideramos sus errores, si es que creemos que los tuvieron, y, en la medida de lo posible, no repetirlos. Sin embargo, este objetivo no siempre es fácil, porque existen elementos muy arraigados en nosotros que se pueden interponer a nuestro deseo, incluso sin saberlo. La buena noticia es que tenemos la posibilidad de reflexionar sobre ellos y trabajarlos.

Hagamos lo que hagamos y creamos lo que creamos, lo que está claro es que ser buen progenitor involucra asumir la responsabilidad que el *título* de padre o madre otorga: ese papel que se nos asigna al nacer nuestro bebé, incluso si decidimos no ejercer como tal. Asumir que, aunque lo que hagamos sea lo que consideramos mejor para nuestros hijos, puede tener unas consecuencias inesperadas. Asumir el simple y complicado hecho de que tener hijos nos coloca, queramos o no, en un rol de muchísimo poder sobre nuestras criaturas.

──○ **Rosa fue dada en adopción cuando tenía cinco meses** y fue acogida por una pareja joven con muchas ganas de tener hijos que más adelante la adoptó. Su infancia fue bastante feliz; sin embargo, sentía en su interior que no pertenecía a ningún sitio. El hecho de haber tenido unos padres adoptivos cariñosos y comprometidos le hacía sentir muy culpable al pensar en su madre biológica. No entendía por qué tenía la sensación de echar de menos algo que ni siquiera conocía. Escuchaba en todas partes que una madre no es solo la que te da a luz, pero, a pesar de que estaba de acuerdo, no podía evitar tener un montón de dudas acerca del motivo de su adopción y sentir curiosidad por sus orígenes. Aunque Rosa no quería, sentía que su vida estaba marcada por haber sido dada en adopción. Poco a poco, en la terapia descubrió que sentía que el hecho de que su madre biológica la diera en adopción había hecho que, inconscientemente, concluyera que tenía algo intrínsecamente malo. Aprendió cosas sobre aquel trauma temprano y comprendió que, aunque su madre biológica había ejercido solamente cinco meses como tal, separarse de ella había tenido un impacto profundo e importante en su vida.

La responsabilidad que los padres tenemos sobre nuestros hijos es muy grande y para muchas personas resulta abrumadora. Cuando algo nos angustia, las personas tendemos a irnos hacia uno de estos polos: el control o la negación que, en realidad, son dos caras de la misma moneda. Puedo ser consciente de la responsabilidad que supone ser padre e intentar aferrarme con rigidez a todo lo que sea para sentir que soy bueno, o puedo negar la responsabilidad que supone y hacer lo que me plazca sin darle muchas vueltas a si es adecuado o si tiene un impacto negativo en mis hijos. Seguramente, en ambos casos juzgaré al que esté utilizando una estrategia diferente a la mía, aunque lo esté haciendo para acallar sensaciones difíciles de gestionar, exactamente igual que yo.

Como mujer y madre, puedo decir que ambas opciones son tentadoras, estoy segura de que muchos lectores estarán de acuerdo. Ambas nos dan una cierta sensación de seguridad, nos permiten evitar o lidiar mejor con la culpa, la inseguridad o la sensación de incapacidad a la que es normal enfrentarse cuando tenemos niños a nuestro cargo. Podemos refugiarnos en ellas de manera temporal, pero si se convierten en nuestra forma habitual de gestionar lo que nos sucede supondrán un problema, porque en ambas opciones existe una desconexión. Ambas obvian la individualidad de cada niño, la de cada padre, la de cada familia y cada contexto.

¿Cómo ser buen padre obviando a nuestro hijo? ¿Cómo ser buen padre obviándonos a nosotros mismos? ¿Cómo ser buen padre sin tener en cuenta de dónde partimos o dónde estamos?

——○ **Eduardo acude al consultorio preocupado por su hija Marina, de diez años.** Se escapa frecuentemente a casa de una vecina y no quiere hablar con nadie del tema. Además, está dejando de comer. Eduardo está divorciado y tiene una mala relación con su exesposa, con quien no ha hablado de lo que está ocurriendo con su hija. Los invito a ambos al consultorio para una sesión conjunta y acceden. Marina se niega a venir a terapia, por lo que el objetivo es tratar de ayudarlos a entender qué le está pasando a su hija para poder ayudarla mejor. Durante varias sesiones hablamos de la infancia de Marina. Eduardo y su esposa cuentan múltiples episodios en la vida de la niña, pero cuando les pregunto por su papel durante esos episodios o cómo creen que se sintió Marina, me dicen que son preguntas que nunca se habían planteado como relevantes. Al hacer ese trabajo conjuntamente conmigo, se dan cuenta de que, en la gran mayoría de esos episodios, Marina se había sentido sola, asustada, abandonada, en medio del problema de sus padres, utilizada por uno o por otra, traicionada. Comprenden que durante diez años su hija la pasó muy mal y ellos la trataron como si todo fuera bien, y entienden así por qué hoy Marina no confía en ellos y que si quieren ayudarla van a tener que comprometerse en tratar de reparar todo el daño hecho.

Categorizar y hacer juicios de valor no es más que otra forma de intentar simplificar y sentir control sobre algo complejo y difícil de definir. ¿Son los padres de Marina malos padres? Ciertamente, hicieron muchas cosas inadecuadas, pero, por otro lado, vinieron a terapia y fueron capaces de escuchar cosas durísimas acerca de su responsabilidad como padres y asumirlas. Por no hablar de las infancias tan duras de las que venían y las secuelas que arrastraban desde entonces: la rigidez, la dificultad para empatizar con otros, las explosiones de ira...

Tanta es la responsabilidad y tantas las dificultades a las que nos enfrentamos cuando somos padres que, en los últimos tiempos, nos refugiamos en mensajes como «Eres una madre maravillosa» o «Son los mejores padres que su hijo podría tener». Sin embargo, tal y como explicaba anteriormente, etiquetas como estas solo nos sirven para tranquilizarnos: son intentos de hacernos sentir bien como adultos, de sacarnos de nuestros propios sentimientos de inadecuación y culpa, desgraciadamente, muchas veces en detrimento de nuestros hijos. En muchas ocasiones, esos sentimientos son justo lo que nos ayuda a emprender la búsqueda de recursos adecuados, a describir la realidad de quiénes somos, qué hacemos o qué necesitamos trabajar.

Quizá sea el momento de salir de nuestra zona de confort y de redefinir lo que significa ser buen padre.

De dejar los juicios a un lado.

De encontrar formas en las que asumir la enorme responsabilidad que supone tener hijos.

De aceptar con compasión nuestras limitaciones y asumir las consecuencias que estas van a tener sobre nuestros hijos.

Podemos aprender a flexibilizar, a cuestionarnos a nosotros mismos, a acercarnos con curiosidad a cada etapa y cada dificultad.

Podemos tratar de desterrar esa culpa pegajosa que nos bloquea sin desconectarnos de la culpa que ayuda a pedir perdón y a movilizarnos hacia algo más apegado a lo que necesitan nuestros hijos.

Quizá sea el momento de entender que el ideal que nos muestran las teorías no es más que lo que nos marca la dirección del camino, pero que para muchos no será la meta.

Quizá sea el momento de plantearse ser los mejores padres que podemos ser, no como justificación para hacer lo que se nos dé la gana, sino como compromiso para hacer el menor daño posible y reparar el que hagamos.

Quizá si aprendemos a hacernos cargo de nuestros problemas e inquietudes sin juicios propios ni ajenos, y aceptamos las consecuencias de nuestros actos nos convirtamos en un ejemplo maravilloso para nuestros hijos.

No me imagino mejor definición de *buen padre* que una que vea más allá de lo que hacemos, una que incluya quiénes somos, cómo nos construimos y la energía que estamos poniendo en superar nuestras dificultades y hacerlo lo mejor que podemos.

RESUMEN

- *Los padres somos figuras muy importantes en la vida de nuestros hijos.*

- *Buscar el control para sentirnos buenos padres o negar la importancia de lo que hacemos son estrategias que nos tranquilizan a nosotros, pero no a nuestros hijos.*

- *Para mejorar como padres nos podemos fijar en las teorías, pero tenemos que adaptarlas a nuestra realidad y a la de nuestros hijos.*

- *Muchas veces, la intención de ser buen padre no es suficiente. Necesitamos trabajar en aquello que bloquea nuestra capacidad de criar de forma* **más ajustada a lo que necesita nuestro hijo.**

3

ERES
UNA MADRE
MARAVILLOSA

A estas alturas, imagino que ya quedó claro que los padres ideales no existen. Son un mito. Una idea sostenida por mensajes romantizados y ensalzadores, especialmente de la maternidad, que sirve como escudo para esconder todo lo que nos ocurrió de niños y lo que hacemos con los nuestros. La creencia de que existen los padres perfectos es una idea que procede de nuestra necesidad infantil, en el sentido literal de la palabra, de idealizar la paternidad y la maternidad; una idea que limita a una sociedad adulta en la tan necesaria labor de cuestionarse y visibilizar la violencia para poder atender a la infancia como se merece.

Ser madre o padre es algo tremendamente complejo, y es que pocas experiencias en la vida suponen un desafío y nos sacuden a tantos niveles como tener hijos. Tener un bebé hace las veces de *espejo* y reactiva nuestra propia experiencia infantil, una vivencia de la que muchas personas no eran conscientes hasta ese momento. Por eso, la manera de vivir la paternidad y la maternidad será diferente y presentará distintos retos para cada persona. Por eso, nos costará aceptar y gestionar la tremenda dependencia y vulnerabilidad de nuestros hijos. Por eso, muchas personas se ven sin recursos para criar sin violencia, sin tratar mal de forma recurrente.

Aprendemos a ser padres siendo hijos, y muchas de las dificultades que nos encontramos a la hora de relacionarnos con nuestros hijos son consecuencia de lo que nos pasó. Esto, unido a que ser padre no es menos cambiante que ser niño; a que lo que vale en una etapa deja de ser tan válido en otra; a la falta de apoyos, información y referentes, hace de la paternidad una tarea para la que se necesita mucha conciencia y compromiso. Nada que ver con el ideal que se nos ha mostrado. Lo que vivimos en nuestra infancia estará presente en nuestra paternidad, nos guste o no. Por eso es importante acercarnos a ella, conocerla, con sus luces y sus sombras. La mayoría de nosotros al convertirnos en padres llegamos a un nivel de entendimiento diferente sobre cómo debió de ser para los nuestros su experiencia. Es frecuente escuchar a personas que acaban de tener un hijo decir que jamás habían pensado que fuera tan duro, sacrificado o demandante, y que es ahora cuando comprenden, de forma más profunda, los errores que sus padres cometieron, o cuando agradecen más aún su labor.

Lo que no es tan frecuente escuchar, aunque es algo que ocurre internamente de forma continua, son reflexiones sobre lo difícil que debió de ser nuestra infancia con los errores o las carencias que nuestros padres tuvieron, independientemente de si los entendemos o no. Al margen de si son errores que estamos repitiendo nosotros o no. Obviando si su intención fue buena o no. Es como si ahondar sobre nuestra experiencia desde la perspectiva de los niños que fuimos fuera menos importante o nos pareciera una especie de traición que invalida lo que sí hicieron «bien» o la intención que tuvieron al hacerlo.

— ○ **Victoria vino a terapia porque llevaba meses triste,** «sin ganas de hacer nada» y con mucha desesperanza con respecto al futuro. Ella achacaba sus síntomas a algunos problemas que tuvo en el trabajo con su jefa, pero le parecía desproporcionado que le afectara así. Paralelamente, estaba preocupada por su hija de cinco años, que había comenzado a lavarse las manos a cada rato y se estaba haciendo heridas. Al explorar el caso, descubrimos que su jefa había sido una figura materna para ella, que siempre la había cuidado, valorado y tomado en cuenta hasta que estos problemas tuvieron lugar y le hicieron poner distancia. Lo que era difícil de hablar para Victoria es que el hecho de que su jefa se alejara despertaba en ella sensaciones de soledad muy profundas, iguales a las que sentía de pequeña cuando su madre tuvo un diagnóstico de depresión, momento en el que, casualmente, ella también se lavaba las manos de la misma manera que su hija. Victoria sentía mucha culpa cuando hablaba de que llegó a sentirse sola de pequeña, porque su madre no era responsable de su depresión. De hecho, su madre tuvo una vida muy dura y Victoria creía que hablar de sus sentimientos era invalidar los de su madre. El hecho de que la depresión no fuera culpa de su madre no evitaba que, para ella, como niña, fuera doloroso no tener su presencia y su cuidado. Fue necesario trabajar todo eso para poder entender y tratar sus síntomas depresivos en aquel momento y para empatizar con la angustia, la soledad y la necesidad de control que su hija estaba manifestando al ver que su madre no estaba presente tampoco, que era, en realidad, lo que estaba bajo esa compulsión de lavarse las manos. Solo desde ahí pudo dejar de rechazar a su hija por lo que estaba haciendo y buscar apoyos para que, mientras Victoria trataba su depresión, su hija estuviera acompañada emocionalmente.

La mayoría de nosotros arrastramos una serie de dificultades a la hora de gestionar nuestras emociones, de relacionarnos, de cubrir nuestras necesidades, de interpretar la realidad o de comprender el comportamiento que tienen su raíz en nuestra infancia. Necesitamos reconocer y comprender su origen para encontrar la forma de lidiar con ellas y acercarnos a nuestros hijos como ellos necesitan.

Muchas personas llegan a ser padres creyendo que las dificultades con las que se van a encontrar —todas esas cosas que nos dicen que no debemos hacer y aun así hacemos— son culpa suya, como si se tratara de un defecto de origen que tienen que, por más que intentan, no pueden cambiar. Entenderlo así es otra secuela de nuestras infancias. De pequeños necesitamos idealizar a nuestros padres para sentirnos seguros y, debido a la forma de entender el mundo, propia de los niños, tuvimos que creer que todo lo que ocurría a nuestro alrededor era culpa nuestra. Es más fácil crecer creyendo eso que creer que nuestros padres nos hicieron daño. Así que nosotros, que fuimos niños, llegamos a adultos con un montón de ideas y actitudes normalizadas que creemos que no nos hicieron mal, lo que, desgraciadamente, nos pone en situación de repetirlas con nuestros propios hijos. Se convirtieron en un punto ciego que nos limita a la hora de cambiar en la dirección que nuestros hijos necesitan.

Iluminar estos puntos ciegos no es algo tan sencillo como puede parecer. Para empezar, cuestionar a nuestros padres, aquello para lo que de pequeños no teníamos capacidad, resulta un tabú enorme entre los adultos. Existe una grandísima presión social por sentirnos agradecidos hacia ellos que dificulta el trabajo de poder describir la relación paternofilial con sus luces y sus sombras. El «madre no hay más que una» o «cómo puedes decir algo así de tu padre, que se parte el lomo por dártelo todo» se siente como una cárcel para las personas que necesitan hablar de lo que vivieron y de cómo lo vivieron. Y no es que dar cabida al agradecimiento esté mal, especialmente si es un sentimiento real y no impuesto, pero a nivel psicológico genera mucho conflicto cuando lo que el cuerpo registró, en nuestra experiencia con ellos, tiene también que ver con la soledad, la tristeza, el enojo o el miedo.

Todo esto que tenemos guardado sin conciencia, sin elaborar, se acaba convirtiendo en lo que queremos cambiar como padres; se convierte en sentimientos, reacciones, pensamientos y comportamientos inadecuados hacia nosotros o hacia nuestros hijos que son dañinos, aunque a veces ni siquiera nos demos cuenta de que lo son. Aprendemos a ser padres siendo niños, y muchas de las limitaciones que tenemos como adultos son fruto de lo que hemos vivido y no hemos podido nombrar e integrar.

Por eso, yo no voy a decir que todos somos los mejores padres que nuestros hijos pueden tener. Existen aún, por un lado, demasiadas familias en las que se quiere educar por medio de baños con agua fría, nalgadas, palizas y control. Por el otro, hay demasiadas personas con una infancia en la que hay o hubo una soledad tremendamente profunda y una notable falta de acompañamiento emocional. La única verdad es que somos los padres que nuestros hijos tienen y que podemos trabajar para ser los mejores padres que podamos ser. Quizá, a algunas personas, las etiquetas, los juicios y los intentos de rescatarlas de su malestar, lejos de ayudarlas, les den permiso para evitar asumir su responsabilidad y admitir sus acciones o sus omisiones. Y no solo eso, quizá evitar nombrar la verdad nos aleje de la única posibilidad de reencontrarnos con las partes de nosotros mismos que tuvimos que olvidar o normalizar, y poder vivir, por fin, más tranquilos.

RESUMEN

- *Los padres perfectos no existen.*
- *Podemos actuar de forma muy adecuada durante una etapa y sentirnos muy perdidos como padres en otra.*
- *Acercarnos a nuestra infancia no supone una traición a nuestros padres.*
- *Podemos, al mismo tiempo, agradecer lo que tuvimos y reconocer lo que no pudieron o supieron darnos nuestros padres.*
- *Es importante reconocer los recursos y las limitaciones que tenemos como adultos en nuestra forma de gestionar lo que nos ocurre.*
- *Cuanto más conscientes de lo que nos pasó seamos, y más herramientas tengamos para regularnos, más fácil será relacionarnos con nuestros hijos y estar más a gusto con nosotros mismos.*

Ejercicios

A continuación, te presento la primera de las tres rondas de ejercicios que encontrarás a lo largo de este libro y que surgen como una propuesta que promueva un acercamiento a nuestra propia experiencia como hijos, como adultos y como padres. Espero que a muchas personas estos ejercicios les resulten terapéuticos, que puedan ayudar a profundizar, comprender, reflexionar y planificar. Al mismo tiempo, quisiera puntualizar que cualquier ejercicio de un libro nunca será lo mismo que acudir a un profesional. Puede que muchas personas lleguen a conclusiones importantes o encuentren formas diferentes de actuar a las habituales, pero no es una psicoterapia como tal. Por lo tanto, si sientes:

- que necesitas profundizar más;
- que, a pesar de ayudarte a comprender algunas cosas, no te «sale» hacer nada de forma diferente;
- que te resulta demasiado duro;
- que no sabes responder a lo que te pregunto...

... no significa que no seas capaz ni que lo que te propongo no sea útil. Simplemente, quizá necesites un lugar donde otra persona te ayude de la manera que tú necesitas, de forma personalizada y a tu ritmo.

Además, también me gustaría dar unas pautas sobre cómo sacar el mayor partido a los ejercicios que encontrarás a lo largo de este libro:

- Si tienes poco tiempo, es preferible que los dejes para otro ratito en el que los puedas leer y responder sin prisa.

- Es normal que, si las primeras respuestas que te vienen a la cabeza no son muy agradables, tengas la tentación de buscar otras respuestas que te resulten más placenteras. Pero, si lo puedes tolerar, no las descartes y regístralas.

- Haz pausas frecuentes para ver cómo te sientes y comprobar si quieres continuar o si necesitas parar un tiempo. No hay manera correcta de hacerlo, más allá de la que te haga mejor a ti.

- Quizá te ayude grabar tus respuestas o escribirlas para poder leerlas más adelante, y dedicar un tiempo a notar cómo te sientes o cómo es escuchar lo que respondiste «desde afuera».

- En el caso de que tengas pareja y tu pareja sea un espacio seguro, lo ideal es que hagan estos ejercicios cada uno por separado y luego los comparen. Son un equipo y para dar pasos como tal es importante comprender la realidad, las limitaciones y los ritmos del otro.

YO COMO HIJO

Ya vimos que lo que nos pasó de niños afecta cómo nos hemos construido como adultos y que es importante ir acercándonos despacio a nuestra experiencia infantil para comprendernos mejor y encontrar la mejor estrategia que podamos para atender a nuestros hijos de la manera que ellos necesitan. Para nosotros, también fue clave la forma en la que nuestros padres nos trataron. Igual que tus hijos ahora, de pequeño necesitaste adultos presentes y conectados contigo; adultos que pudieran explicarte los motivos de sus decisiones y comprender las consecuencias de estas. Unos padres que escucharan y tomaran en cuenta tus opiniones y decisiones, incluso cuando fueran opuestas a las suyas. Espero que este apartado te ayude a comprender con algo más de profundidad en qué grado conectaron contigo y te apoyaron de la forma que necesitabas.

Trata de responder las siguientes preguntas. Puedes tomar papel y lápiz, o reflexionar con tranquilidad antes de escribir. Intenta recordar algunos detalles sobre:

- Qué hacían tus padres.
- Qué te decían.
- Cómo te sentías en cada una de las situaciones que te planteo a continuación.

Te recomiendo dedicar un tiempo a responder cada pregunta para cada uno de tus progenitores o figuras de apego.

- ¿Qué pasaba en tu casa cuando te lastimabas? ¿Puedes recordar y describir un día concreto en que te cayeras o te lastimaras de alguna manera?
- ¿Qué pasaba en tu casa cuando tenías miedo? ¿Puedes recordar y describir un día en concreto en que eso ocurriera?
- ¿Qué pasaba en tu casa cuando llorabas? ¿Puedes recordar y describir un día en concreto en que eso ocurriera?
- ¿Qué pasaba cuando te enojabas? ¿Puedes recordar y describir un día en concreto en que eso ocurriera?
- ¿Cómo era la hora de la comida? ¿Qué pasaba si no querías comer algo que no te gustaba? ¿Puedes recordar y describir un día en concreto en que eso ocurriera?
- ¿Qué pasaba cuando lograbas algo? ¿Puedes recordar y describir un día en que eso ocurriera?
- ¿Cómo eran las despedidas (la primera vez que te separaste de ellos, las mudanzas, las muertes...)? ¿Puedes recordar y describir un día en que eso ocurriera?

- ¿Cómo se mostraba cariño en tu casa, si es que se mostraba? ¿Puedes recordar y describir un día en que eso ocurriera?
- ¿Cómo era la disciplina en casa? ¿Cómo conseguían tus figuras de apego que hicieras lo que te pedían? ¿Puedes recordar y describir un día en que eso ocurriera?

Estas son solo algunas de las preguntas con las que puedes profundizar para conocer un poco más acerca de tu infancia. Quizá a ti se te ocurran más y quieras dedicar más tiempo a sumergirte en ellas...

¿Hay algo que te llamó la atención de lo que respondiste? ¿Tomaste conciencia de algún detalle nuevo en el que no habías reparado? ¿Hay alguna incoherencia entre lo que decían tus padres y lo que hacían después?, ¿entre lo que creías que hacían y lo que cuentan los recuerdos que recuperaste? ¿Te sentías violentado en alguna de las situaciones descritas? ¿Te sentías más tranquilo o más solo, enojado o alterado tras la intervención de tus padres? ¿Alguien ponía nombre a tus sentimientos? ¿Crees que alguien veía cómo te sentías de verdad?

LAS ETIQUETAS QUE ME PUSIERON

A casi todos nosotros nos hablaron de una manera concreta durante nuestros primeros años. Suele ser fácil reconocer y recordar alguna de las palabras que nuestros padres nos pusieron para describir algunas de las cosas que hacíamos y que quizá aún hoy seguimos considerando como parte de nuestra personalidad. Quizá ambos progenitores utilizaron algunas de esas palabras, o quizá utilizaron algunas diferentes incluso para describir los mismos comportamientos.

- ¿Qué etiquetas te pusieron a ti? ¿Llorona? ¿Desobediente? ¿Irresponsable? ¿Bueno?
- ¿Recuerdas cómo te hacía sentir escuchar esas etiquetas? ¿Era frustrante, triste, las sentías como un peso? Puedes dedicar un tiempo a leer cada una de ellas antes de responder. También puedes pensar en alguna situación concreta en la que te etiquetaran y revisitarla lentamente. ¿Encuentras ahora una palabra para describir cómo te sentías? ¿Notas algo en tu cuerpo al recordarlo?

Si no recuerdas cómo te sentías, quizá puedas imaginar cómo crees que te sentías o cómo crees que se sentiría alguien a quien quieres si le pusieran esa etiqueta ahora.

Una vez que hayas respondido a estas preguntas, ¿crees que puedes encontrar otra forma de describir lo que significaba esa etiqueta de modo que se elimine el juicio? Quizá te ayude pararte a pensar y describir cuáles eran las necesidades o deseos que podía haber tras esa etiqueta. Por ejemplo:

- «Era un desmadre»: «Era un niño con ganas de jugar».
- «Era un pedinche»: «Tenía que insistir para recibir atención».
- «Era un vago»: «No me sentía capaz de completar las tareas y me resistía a hacerlo».
- «Era listo»: «Tenía facilidad para memorizar. Me sentía presionado cuando no aprendía tan rápido como esperaban».

QUÉ RECHAZABAN DE MÍ

Teniendo en cuenta lo anterior, y una vez comprendido el significado verdadero de las etiquetas que nos pusieron, seguramente sea más fácil entender qué era lo que nuestros padres esperaban de nosotros. Las etiquetas son un hilo bastante cómodo del cual echar mano para profundizar en lo que era aceptado y rechazado de nosotros, para indagar en las expectativas que podemos inferir a partir de ellas. A la hora de responder, puede que haya diferencias entre los progenitores:

	Lo aceptan	Lo rechazan
Mi tristeza		
Mi alegría		
Mi ira	☐	☐
Mi miedo		
Mi necesidad de contacto físico	☐	☐
Mi manera de comportarme	☐	☐
Mis formas de pensar	☐	☐
Mi físico	☐	☐
Mis gustos	☐	☐
Mis logros	☐	☐
Hacerme mayor	☐	☐
Mi sexualidad	☐	☐
Mi dependencia	☐	☐

Al margen de las etiquetas, ¿de qué otras formas conseguían tus padres que hicieras lo que te pedían? ¿Cuál era su manera de aplacar aquello que rechazaban y fomentar aquello que aceptaban o deseaban?

> "
> No nací con nada malo. El rechazo que sentí en mi infancia solo habla de la dificultad de los adultos para transmitir amor incondicional.
> "

Ahora, dedicaremos un tiempo a conectar con ese niño que fuiste, con sus necesidades y sus deseos. Quizá haciendo los ejercicios conectaste con algo que fue doloroso o en lo que no habías reparado hasta ahora. Es el momento de darle espacio:

- Busca un lugar cómodo y tranquilo donde sentarte.
- Asegúrate de que durante todo el ejercicio vas a tener apoyados los pies en el suelo, y los glúteos y la espalda sobre el asiento y el respaldo.
- Puedes cerrar los ojos o mantenerlos abiertos, apoyando la mirada en un lugar que te permita estar atento a ti mismo.
- Busca un lugar donde apoyar tus manos que te ayude a sentir conexión, calidez o paz (el abdomen, el pecho, una mano sobre la otra...).
- Ten presente tu respiración, tal y como se encuentra en este momento tras responder a las preguntas de este apartado. Simplemente, fíjate en el ritmo que tiene, en su profundidad. Date cuenta de cómo la respiración su-

cede, aunque no pienses en ello, y cómo está diciendo mucho sobre cómo estás ahora.

- Es normal que tu mente se inunde de pensamientos. Simplemente, toma nota de que están ahí, déjalos pasar y vuelve a tener presente tu respiración.

- Date un tiempo para repasar todos esos recuerdos que acabas de recuperar, todas esas situaciones de tu infancia que trajiste al presente.

- Elige una de ellas y explórala. ¿Qué edad tienes? ¿Cómo son tu ropa, tu cabello, tus gestos, tu postura...? ¿Cómo se siente ese niño que ves? Date el tiempo que necesites.

- ¿Qué crees que necesita ese niño? ¿Necesita escuchar algo? Te dejo algunas propuestas: «Siento lo que te ocurrió, no fue culpa tuya», «Tú no hiciste nada mal, te voy a cuidar», «Eres maravilloso, estoy aquí, ya no te voy a dejar solo»...

- Imagina que puedes acercarte poco a poco a ese niño y decirle eso que necesita escuchar. Si puedes, permítete repetirlo varias veces de forma sincera.

- Observa si el gesto de ese niño cambia, si permite que esas frases le lleguen o todavía no. Respeta lo que ocurra. Quizá sea la primera vez que te acercas a tu infancia en años.

- Date un tiempo para despedirte y vuelve al lugar donde estás notando la respiración. En caso de que notes que esta se agitó, puedes ir soltándola despacio, notando el vaivén de la respiración como si fuera un balanceo. Y, cuando estés listo, puedes abrir los ojos.

- Recuerda levantarte despacito y darte un tiempo para procesar lo que ocurrió.

Quizá ahora no sea tu momento para continuar leyendo.

Cuídate.

4

TODO LO QUE NO
SEA BUEN TRATO
ES MALTRATO

odríamos definir *violencia* en la infancia como cualquier acción u omisión no accidental que fracasa en cubrir las necesidades físicas y socioemocionales de los niños, y que tienen una alta probabilidad de provocar daño en su salud o en su desarrollo. Es decir, entendemos la violencia hacia los niños como toda aquella interacción intencionada que es perjudicial para su salud física o mental.

Es importante tener en cuenta que somos las figuras de autoridad para nuestros hijos, y que, como tales, tendremos que decidir cómo queremos ejercer esa autoridad, qué tipo de relación queremos tener con ellos y cuánta seguridad queremos proporcionarles a través de ella. En esta labor es importantísimo tener en cuenta y cuestionar algo que, en el presente, sigue sin cuestionarse con rigor y profundidad: que cualquier abuso que hagamos de ese poder que nos otorga el rol de padre y madre será una forma de violencia. **Todo lo que suponga ejercer nuestro rol de autoridad sin respeto es violento. Todo lo que no sea buen trato es maltrato.**

Actualmente, las cifras de violencia por acción u omisión a la infancia en el mundo son devastadoras. Según Unicef, seis de cada diez niños sufren maltrato físico por parte de sus progenitores* y no existen datos claros sobre los porcentajes de violencia invisible, maltrato psicológico o negligencia, tanto en cuestión de necesidades físicas como emocionales, pero todo apunta a que los

---

* Véase <https://www.unicef.org/ecuador/informes/ocultos-plena-luz>.

porcentajes serían muy altos, quizá incluso más que los relativos a la violencia física. En algunos países, pegar a los niños no está aún penado por ley. Sigue habiendo profesionales recomendando la *nalgada a tiempo,* y una forma muy extendida de gestionar los berrinches en escuelas preescolares es castigar o ignorar con la silla de pensar.

Vivimos en una sociedad donde el maltrato a la infancia está absolutamente normalizado y justificado; más adelante, veremos a detalle las formas de violencia que ejercemos sobre los niños, escondidas tras frases amables, que nos invitan a una revisión urgente de las secuelas que les deja.

Que nos han dejado.

Obviamente, estas cifras no eran más bajas cuando nosotros fuimos niños. Teniéndolas en cuenta, no creo que me equivoque diciendo que la mayoría de los lectores sufrieron algún tipo de violencia en su infancia y que, por supuesto, sea cual fuere la forma de esa violencia, ninguno la merecía. Para todos los niños sin excepción lo que viven en casa es lo *normal,* incluso la violencia. De pequeños es difícil entender que lo que hacen nuestros padres puede ser inadecuado.

Tener en cuenta las necesidades emocionales y físicas de los niños, y atenderlas de forma no violenta, es muy importante. Dependiendo de la forma en que nos relacionemos con ellos, tal y como explica la teoría del apego que comenté con anterioridad, van a desarrollar un apego seguro o no. Es decir, la forma en que entendemos y respondemos a nuestros hijos, desde los primeros meses, configura una huella cerebral que, a su vez, configurará una serie de ideas conscientes o inconscientes sobre su valía y la confianza que pueden tener en los demás y en el mundo, y también una serie de normas que tendrán un impacto directo en su forma de relacionarse, en sus sentimientos, conductas y procesos cognitivos, como por ejemplo la atención y la memoria, a lo largo de toda su vida. Es imprescindible, por tanto, entender mejor lo que es la violencia si queremos que nuestros hijos puedan desarrollar seguridad en sí mismos, en nosotros y en el mundo.

———○ **Laura y Fran traen a su hija Marta** de diez años a terapia, derivada por su profesora. En la escuela están preocupados por la poca capacidad que tiene Marta de prestar atención y de retener información cuando lee. Los padres de Marta me piden hacer algún tipo de entrenamiento de la atención o técnicas de estudio para que el problema que comentan en la escuela mejore. Marta sufrió violencia en casa desde bebé: su primer recuerdo era el de su padre y su madre agarrándose del cuello. Nunca nadie tuvo en cuenta su pasado traumático y las consecuencias a nivel cerebral que eso tuvo en sus funciones ejecutivas. Centrarse en técnicas de estudio únicamente habría obviado la realidad de Marta, al responsabilizarla exclusivamente a ella del problema, sin tomar ningún tipo de medida para que ese maltrato, que desde hacía años había pasado a ser psicológico, acabara.

Generalmente, **la violencia en la infancia se agrupa en cuatro tipos: violencia física, violencia psicológica, abuso sexual** y, en el otro polo, en el de la omisión, **la negligencia.** Que se haga esta clasificación no significa que no puedan ejercerse diferentes tipos de violencia a la vez dentro de una familia, que la existencia de una lleve implícita la existencia de otra ni que el tipo de violencia que ejerce cada progenitor pueda ser diferente.

Antes de comenzar a describirlas, me parece importante destacar también que tanto la violencia visible como la violencia invisible son dañinas y afectan al desarrollo de los niños. Existe una mayor conciencia sobre lo inadecuado de la violencia física o de algunos tipos de violencia sexual. Sin embargo, la violencia psicológica y la negligencia, especialmente la emocional, son aún muy desconocidas y nos cuesta mucho como sociedad comprender el enorme impacto que tienen, que es exactamente igual de grave e importante que el de la violencia física.

A continuación, trataré de definir algunas de las formas más comunes de ejercer violencia sobre los niños que, hoy por hoy, se emplean de forma habitual y recurrente en las familias y en innumerables ámbitos, incluidos los centros educativos o los espacios que trabajan con la infancia. Es importante que cada uno de nosotros reconozcamos cuáles de ellas empleamos, especialmente aquellas que usamos de forma habitual y aquellas que emplearon con nosotros. Identificarlas es el primer paso para cambiar.

CASTIGO FÍSICO

El castigo es una forma de condicionamiento, una técnica de modificación de la conducta que se basa en que la realización de dicha conducta y su frecuencia están influenciadas por las consecuencias que genera. Es decir, es una forma de conseguir que los niños dejen de comportarse de formas que consideramos inadecuadas.

Los castigos físicos se han empleado durante mucho tiempo (y se siguen usando de forma muy extendida) como manera de corregir a los niños. Golpes, cachetadas, nalgadas, baños con agua fría, pellizcos o jalones de orejas son algunos de los más comunes que se utilizan con el fin de cambiar el comportamiento de los niños cuando los adultos lo consideran inadecuado (lo cual no siempre significa que lo sea). La idea que subyace es que los niños, para evitar el dolor, dejarán de comportarse como lo hacían antes de ser castigados.

Las personas que defienden el castigo físico lo hacen en nombre del respeto a los mayores, la obediencia, la buena educación o la prevención del peligro. Lo que no suelen ver ni nombrar es el miedo, la alerta, la desconfianza y la sensación de poca valía que subyacen a ese aparente respeto a la norma impuesta o a esa buena educación. Los *motivos de peso* detrás de los castigos no son más que una justificación para darnos el permiso de llevarlos a cabo: una forma de fundamentar nuestros actos violentos. Lo cierto es que no hay justificación alguna de la violencia infantil.

Existen varios motivos por los que los adultos creen que deben agredir físicamente a los niños. Expondré algunos ejemplos concretos que son muy frecuentes, y que no por ello dejan de atentar contra aspectos normales y sanos de los niños que no necesitan corrección. Al contrario, muchas de las conductas que son castigadas no son más que la expresión de necesidades que lo que precisan es espacio, a veces límites, y acompañamiento.

Uno de los comportamientos que típicamente se ha intentado corregir con el castigo físico es la agresividad de los niños, algo absolutamente normal en la primera infancia. Cuando los niños son pequeños y su cerebro aún es incapaz de regular la intensidad de las respuestas a sus emociones, es perfectamente normal que peguen, muerdan o empujen, por ejemplo. Intentar explicar que no está bien *pegar, pegando* es confuso. No podemos olvidar que los niños aprenden más por cómo los tratamos que por lo que les decimos, así que **agredir para que dejen de agredir es incoherente e inútil.** Además, que un niño pegue es producto de un malestar que no está sabiendo gestionar de otro modo. Añadir más malestar al inicial, y encima tener que reprimirlo, es algo que puede ocurrir, pero solo si su sistema nervioso se puso en *modo supervivencia* para evitar una amenaza. Si queremos que nuestros hijos aprendan a gestionar su ira o su malestar con palabras, peticiones o desviando los golpes a algún objeto, en vez de pegar a alguna persona, que su sistema nervioso esté alerta no es una buena estrategia.

"

Una vez que se desarrolla la capacidad de comunicarse, la agresividad tiende a desaparecer sola. Es decir, cuando los niños pueden expresar lo que les pasa por medio de palabras, cuando adquieren un vocabulario rico para describir su mundo interior, se sienten respetados en sus límites e interiorizan que pueden expresarse sin represalias. De este modo, la necesidad de expresar su frustración pegando desaparece.

"

El movimiento, el juego y la exploración también son motivos frecuentes de castigo físico. Muchos padres y docentes creen que son comportamientos que deben estar limitados a momentos en los que estén permitidos, y obvian que son una necesidad básica de la infancia, importantísima para su desarrollo y la forma más eficaz de aprendizaje. Tener estas necesidades verdaderamente en cuenta nos haría cuestionarnos muchas cosas, entre ellas, la existencia y el uso continuo de pupitres en educación infantil y primaria, por ejemplo. El llanto, las demandas de cercanía o el ritmo más o menos lento para adquirir determinados aprendizajes también son aspectos que se castigan físicamente de manera habitual.

"

Un dato tranquilizador: algunas de las habilidades y competencias que esperamos de los niños no se terminan de desarrollar sino hasta que el cerebro llega a su pleno desarrollo, lo cual, en condiciones adecuadas, ocurre más allá de los veinte años.

"

En muchos países, el maltrato físico ya está penado por ley. España es uno de ellos, sin embargo, aun siendo considerado una práctica ilegal, sigue estando más extendida de lo que podemos imaginar. Las bromas sobre pegar con la chancla o incluso con el cinturón siguen, aún hoy, inundando las redes, normalizando y justificando a las personas que lo hicieron. Frases como «A mí me pegaron y no salí tan mal» se oyen una y otra vez, alejándonos de la posibilidad de revisar y aligerar el legado de violencia que pasamos a nuestra descendencia.

Ejemplos		
Golpes	Lanzamiento de objetos	Quemaduras
Nalgadas	Obligar a comer	Corte de cabello como castigo
Cortes	Patadas	Sujetar con fuerza
Baños con agua fría	Pellizcos	Jalones de cabello
Empujones	Prohibición del movimiento	Zarandeos
Escupitajos	Puñetazos	

> **MENSAJES QUE TRANSMITIMOS CON EL CASTIGO FÍSICO**
>
> «Hay algo malo en ti».
> «Eres malo».
> «Tus necesidades deben ser reprimidas».
> «Te mereces represalias».
> «Tengo derecho a hacerte daño».
> «La violencia es una opción válida».
> «Me importa más que hagas lo que yo quiero que tú mismo o tú misma».

———○ **Nerea y Alberto** vienen a terapia para hablar de su hija Martina, de siete años. Según ellos, Martina tiene explosiones emocionales, especialmente cuando algo le sale mal. Martina llora, rompe cosas, grita... El resto del tiempo parece tranquila y contenta. Al preguntar sobre disciplina en casa, la respuesta es «En casa no somos estrictos, cuando no nos hace caso le damos un baño con agua fría o una nalgada para que reaccione y ya». Ni Nerea ni Alberto consideran que esto pueda tener relación con el comportamiento de su hija, aunque, por supuesto, entre otras cosas, sí la tiene.

Necesitamos conocer más acerca de las necesidades de nuestros hijos, atender las sensaciones de amenaza que vivimos internamente cuando estas entran en conflicto con lo que nosotros interiorizamos sobre nuestras propias necesidades en la infancia, y separar lo que nos ocurre por dentro de lo que está pasando afuera. El miedo nunca es una buena forma de abordar la educación.

AMENAZA

Cuando comunicamos a los niños de forma anticipada un posible daño si no cumplen con ciertas exigencias o condiciones, estamos amenazándolos. Las amenazas son un abuso de poder, una forma de conseguir aquello que creemos que los niños tienen que cumplir en el momento que creemos que lo deben cumplir utilizando el poder que otorga nuestra posición de autoridad.

La mayoría de los padres utilizan las amenazas considerándolas un recurso válido para conseguir obediencia, obviando que, tal y como se descubrió en las últimas décadas, nuestra relación con los niños debería ir por delante de su sumisión o, como veremos más adelante, que la obediencia no es un indicador fiable de bienestar psicológico. Todos sabemos que en la vida adulta no podemos amenazar; sin embargo, nos damos el permiso de hacerlo con los niños diariamente.

Las amenazas suelen tratar de incentivar el comportamiento que consideramos positivo; sin embargo, generan frustración, miedo, luchas de poder e indefensión. Cuando además hay una experiencia previa de castigo físico, la propia amenaza despierta el miedo a que ese castigo se repita, reactivando la experiencia interna de daño que se sintió en el pasado.

Tal y como vimos en el apartado anterior, los motivos por los que se amenaza o los comportamientos que se quieren conseguir amenazando muchas veces están lejos de lo que neurológica y emocionalmente pueden hacer los niños, e incluso lejos de lo que es benéfico para ellos.

Las personas que amenazan suelen justificarlo diciendo que son solo advertencias; sin embargo, una advertencia y una amenaza no son lo mismo. Una advertencia es simplemente avisar de algo, un aviso que no tiene por qué llevar implícito castigo o daño. Advertir puede ser «Te recuerdo que en cinco minutos se acaba el capítulo y vamos a cenar», por ejemplo. Las amenazas llevan implícitos el miedo y la coerción; las advertencias, no.

Advertencia	Amenaza
El objetivo es ofrecer información.	El objetivo es conseguir control.
Anticipa algo que va a ocurrir por haber sido acordado con el niño o decidido por los padres.	Anticipa un castigo que ocurrirá si no se obedece.
Busca dar seguridad.	Busca generar miedo.

→

Asume el desacuerdo del niño o de la niña y la necesidad de acompañar la frustración cuando lo que fue advertido ocurre.	Se centra en el cumplimiento de la norma. Las emociones no importan.

Alicia, directora de una guardería, me llama para pedir asesoramiento sobre Juan, uno de los niños que asiste a esta. Juan tiene dos años y medio, y se pasa gran parte del tiempo al inicio y al final de la jornada en la escuelita pegado a la puerta, esperando que su padre vaya a buscarlo. Muchas veces llora mientras dice «llorar no» y no encuentran manera de consolarlo. Tras revisar no solo el funcionamiento en el aula, sino también el trato de la educadora, no parece que haya nada llamativo que pueda explicar ese comportamiento, así que les pregunto si conocen la forma en que los padres de Juan se despiden de él cuando lo dejan en la escuela. Se reúnen con los padres del niño y descubren que Juan llora todos los días cuando salen de casa porque no se quiere despedir de sus papás. El padre de Juan, que es quien lo lleva, para que no llore le dice todos los días: «No..., llorar no... Si lloras no te vamos a venir a buscar». El miedo de Juan a que su papá no vuelva es tal que no puede estar tranquilo, explorar o jugar durante parte del tiempo que está en la guardería. Se repite a sí mismo la instrucción recibida: no llorar, pero, por supuesto, no es capaz, y eso le genera una angustia imposible de gestionar.

Ejemplos de amenaza	Ejemplos de advertencia
«O recoges los juguetes o los tiro a la basura».	«Recuerda que antes de ir a dormir recogemos».
«O vienes aquí ahora mismo o te vas a quedar sin cenar».	«La cena está lista, recuerda que el otro día se te quedó fría y no te gustó».
«Si no te callas, te voy a hacer daño, pero de verdad».	«Debes de estar muy enojado, lo entiendo. No podemos hacer ruido aquí, así que vamos a salir a buscar un lugar a solas. Voy a cargarte para salir».
«Se lo voy a decir a tu padre y verás».	«Es importante que hablemos con papá de lo que hiciste para ayudarte los dos la próxima vez. Sé que no quieres que se lo diga, pero a mí me parece importante y quiero que lo sepas».

> ## MENSAJES QUE TRANSMITIMOS CON LA AMENAZA
>
> «Lo que espero de ti es más importante que lo que tú necesitas».
> «Las amenazas son válidas».
> «Soy yo quien controla lo que haces y lo que no cuando quiero».
> «Tengo más poder que tú».

CHANTAJE

El chantaje es una forma de manipulación, una manera de generar sentimientos desagradables en el otro para que, finalmente, ceda a nuestros deseos. Cuando chantajeamos estamos presionando a los niños para que cumplan con lo que esperamos. Generalmente, y una vez más, en contra de lo que ellos quieren o necesitan. Es importante destacar que tanto las amenazas como el chantaje pueden hacerse sin palabras. Los gestos, las caras de enojo o de pena, un tono victimista o agresivo son más que suficientes para que un niño sienta miedo, culpa o angustia por no estar siendo lo suficientemente bueno para sus papás y obedezca a cualquier petición u orden.

No podemos olvidar que los niños dependen de nosotros, nos necesitan, y que van a hacer lo posible por que los queramos, aunque eso suponga ir en contra de sí mismos.

——o **Rodrigo, de siete años,** lleva todas las Navidades con muchas dificultades para dormir y hacer alguna actividad sentado. Parece muy nervioso e irascible. Sus papás le dijeron que los Reyes Magos solo van a venir si él se porta bien. Rodrigo se ve incapaz de cumplir las expectativas de lo que «portarse bien» significa para sus padres, y el chantaje cumple el efecto contrario: Rodrigo está tan nervioso que se está portando peor. Con cada amenaza o cada recordatorio de que los Reyes Magos no vendrán si se comporta así, aumenta su malestar, la culpa, la sensación de incapacidad, y se reduce la confianza en sí mismo.

"

EJEMPLOS

«Si no le das un beso a la abuela se pondrá muy triste».
«Si no lloras, te doy un dulce».
«Si me quieres, me harás caso».
«Tienes que comértelo todo por mamá».

MENSAJES QUE TRANSMITIMOS CON EL CHANTAJE

«Es más importante que te adaptes a lo que yo quiero que cómo te sientas».
«Lo que tú sientes no es importante».
«Los sentimientos de los demás están antes que los tuyos».
«Si eres asertivo, tendrás que sentirte culpable».
«Si te defiendes o te niegas, me estás decepcionando».

"

Como padres, podemos encontrar recursos alternativos a los chantajes, como por ejemplo respetar sus noes en cosas que pueden ser *su decisión*. Podemos aprender a negociar en los casos que sea conveniente o a **poner límites sin violencia, acompañando la frustración o la tristeza** que puede generar ponerlos.

HUMILLACIÓN

Las humillaciones son formas de herir la dignidad de las personas, que dañan muchísimo la autoestima y nuestra identidad. Cualquier etiqueta, insulto o comentario destinado a hacer sentir a los niños que son inadecuados podría caer en esta categoría.

Solemos poner etiquetas negativas a los comportamientos que no nos gustan, aunque sean justo los esperables o los sanos para la edad y el contexto en el que se producen. De esta forma, etiquetándolos como indeseables, negativos o ridículos, presionamos de forma más o menos explícita a los niños para que busquen comportarse de otra forma diferente. Los comentarios humillantes no siempre se hacen con tono de burla o desprecio; a veces, van implícitos en frases con un buen tono aparente, pero hacen el mismo daño.

Además, como adultos, no solemos tener mucho pudor cuando se trata de contar anécdotas de la vida privada de nuestros hijos delante de otras personas. Anécdotas que quizá para nosotros sean graciosas o que nos ayuden a desahogarnos, pero que ellos pueden escuchar como una humillación pública o como un rechazo, lo cual puede ir acompañado de mucha vergüenza. Tal y como nos ocurriría a nosotros, que alguien exponga su intimidad sin su permiso, más aún cuando es en términos ofensivos, puede ser profundamente humillante. Y, por supuesto, cualquier trato ofensivo que se hace delante de otras personas es humillante para los niños: pegarles delante de gente, gritarles, insultarlos, ridiculizarlos...

Una vez más, intentamos que los niños vayan cambiando para encajar en las etiquetas que nosotros consideramos adecuadas: *bueno, amable, listo, valiente, mayor...,* y mandamos el mensaje de que lo contrario, es decir, lo normal, es inadecuado; que el enojo, las transgresiones normales en la infancia, las dificultades o el ritmo más lento no son algo que estemos dispuestos a aceptar.

—○ **Mónica, de cuarenta y tres años,** odia el día de su cumpleaños. Todavía hoy conserva el diario en el que escribía cómo su madre la humillaba delante de todos sus amigos y familiares contando anécdotas vergonzosas para ella. También recuerda con especial vergüenza un cumpleaños en que la obligó a dejar la puerta del baño abierta para que la viera todo el mundo, mientras explicaba a todos los invitados sus problemas de estreñimiento. Siempre encontraba la forma de ridiculizarla en cada fiesta de cumpleaños que celebraba y de que los invitados se acabaran riendo de cosas que para ella eran personales, íntimas. La madre de Mónica saboteaba cualquier momento o evento en el que Mónica era el centro de atención, y aún hoy tiene que lidiar con la culpa de no querer celebrar el cumpleaños con su madre.

"

EJEMPLOS

«Eres tonta».

«Mira que eres llorona».

«Tu hermano se porta mejor y es más pequeño».

«Ya tienes siete años, debes de tener algún problema si no puedes lavarte los dientes mejor».

«¿Eres tonto?».

«Lloras como un bebé».

«Ayer María armó un drama enorme por una tontería, está insoportable últimamente».

«Deja de pedirme cosas, eres una pedinche».

«¿Ves? Hoy sí que estás siendo buena».

«Compartí el video de tu caída en redes sociales, es muy gracioso».

→

MENSAJES QUE TRANSMITIMOS CON LA HUMILLACIÓN

«Hay una manera correcta de estar bien y la decido yo».

«Tienes que ser como a mí me gusta».

«Si te sales de lo que yo espero o deseo, mereces que te humille».

«No me importa tu intimidad».

«Los demás tienen derecho a reírse de ti».

CASTIGO

Ya hablamos de castigos físicos, pero si hablamos de violencia, es importante revisar los castigos en general. Tal y como expliqué anteriormente, los castigos son una técnica que se usa como intento de modificar la conducta. Al igual que ocurre con otros actos violentos, son un intento de hacer sentir mal a los niños para conseguir que obedezcan. Una vez más, queremos hacerlos sentir algo desagradable para que se porten bien, una lógica con poca consistencia si tenemos en cuenta que, para todas las personas, es más fácil *portarnos bien* cuando nos *sentimos bien*.

Por mi experiencia, la gran mayoría de los castigos que he visto fueron para intentar conseguir que los niños se comporten de una forma para la que ni emocional, ni física, ni neurológicamente están preparados, o para aplacar conductas sanas en el contexto en el que se encontraba el niño. Su comportamiento es una forma de comunicación y, por tanto, no nos interesa que lo cambien sin más. Si entendemos el mensaje que nos están queriendo transmitir y lo atendemos, podremos ver que no son conductas que deban modificarse, sino que hay que enseñarles a gestionar lo que hay por debajo de ellas de otra forma. Un claro ejemplo son los berrinches. Tenemos tanto miedo al descontrol y tanta falta de recursos que justificamos la violencia ejercida por medio de castigos, argumentando que sin castigo los niños no tendrían límites. Nada más lejos de la realidad. Los límites son necesarios, sí, pero se pueden ejercer con respeto, y teniendo en cuenta las necesidades y los ritmos de los niños. Puede haber un millón de castigos y no haber ningún límite.

○ **Javier narra un episodio** en el que sus padres lo mandaron «a pensar» a su habitación cuando tenía cinco años. Se había enojado por algo y había tirado un aparato de radio que tenía a la mano al suelo. Recuerda cómo en la habitación sintió más enojo aún y no encontró otra forma de hacer algo con él que darse golpes a sí mismo. Todavía hoy sigue golpeándose cuando siente mucha ira.

"

EJEMPLOS

«Vete a tu cuarto sin cenar».
«¿No compartes tu juguete con otros niños? Pues te lo quito».
«Te retiro la palabra para que aprendas».
«Si rezongas te prohíbo los dibujos una semana más».

MENSAJES QUE TRANSMITIMOS CON EL CASTIGO

«Lo más importante es que te sometas y obedezcas».
«No tienes derecho a réplica».
«Solo importa lo que hagas y lo que yo creo sobre lo que hagas».
«Lo que sientes no es importante».

"

PREMIO

A veces utilizamos la palabra *premio* como una forma normalizada de decir *chantaje*. Cuando utilizamos premios para presionar a un niño para que deje de hacer algo o que lo haga solo por complacernos, estamos siendo violentos. Recordemos que la violencia es aquello que entorpece el desarrollo del niño y, sin duda alguna, la exigencia (velada o no) lo hace. No se trata de que no podamos hacer regalos desde un sentimiento genuino de orgullo cuando logran algo, sino de no utilizar esos regalos de manera recurrente ni como forma de manipulación.

El hecho de utilizar premios como forma encubierta de chantaje, además, hace que a los niños les resulte muy difícil nombrar la presión que pueden estar sintiendo. En la superficie, conseguir un premio es algo bueno y es natural que les guste recibirlos. Sin embargo, podemos estar premiando conductas inadecuadas para ellos, como ocurre por ejemplo con el entrenamiento del control de esfínteres, que depende en gran medida del desarrollo de la fisiología y de la madurez psicológica de los niños. Les estamos dando premios o incentivos si consiguen controlar una cosa que su cuerpo aún no puede o no se siente preparado para hacer, y les retiramos el premio o ponemos una carita triste —que es un castigo— si no consiguen algo que es fisiológica y psicológicamente imposible que logren sin pagar un precio.

No es difícil imaginar la frustración que sentiríamos si nuestra única manera de conseguir algo que queremos fuera saltar más alto de lo que nuestras piernas jamás podrán o hablar otro idioma de un día para otro. La organización y las limitaciones de los adultos se vuelven a imponer a los ritmos y al desarrollo de los niños. El sentimiento agradable del premio invisibiliza la presión y la frustración que, en muchas ocasiones, existe por debajo.

Además, entrenar habilidades o comportamientos por medio de premios tiene un efecto paradójico. Al tiempo que pueden ser un incentivo y tener el efecto que queremos a corto plazo, a largo plazo resultan ineficaces. Cuando los niños aprenden a portarse de determinada manera por medio de premios, es probable que pierdan la motivación intrínseca, es decir, la que hace que la recompensa sea la ejecución de la tarea en sí, o incluso que pierdan el interés por el premio. También puede suceder que al ver que nuestros hijos piden o exigen un premio cada vez que llevan a cabo una conducta que les habíamos pedido, utilicemos algún otro tipo de estrategia violenta, como culpabilizar y etiquetar: «¿Qué te crees, que te mereces un premio cada vez que hagas lo que debes?» o «Qué caprichoso, siempre quieres premios...».

—○ **Los padres de Daniel** tenían mucho miedo de que su hijo tuviera dificultades académicas, tal y como les ocurrió a ellos de pequeños. Le decían y repetían lo bueno que era por sentarse a estudiar desde que era muy pequeño. Cada vez que adquiría una nueva habilidad, sentían que ese miedo desaparecía y habían empezado a comprarle regalos porque él mismo decidió dejar de ir al parque para poder estudiar más, a pesar de que todos sus amigos se quedaban a jugar. Daniel tenía seis años. El mensaje que le llegó es que para conseguir la aprobación de sus padres debía centrarse en el rendimiento y los logros académicos. Semanas después, Daniel comenzó a pegarles a otros niños en la escuela, y no dejó de hacerlo hasta que pudo expresar lo que le pasaba y sus padres gestionaron sus miedos de otra forma.

"

EJEMPLOS

- Entregar la Medalla Belisario Domínguez a los niños en la pandemia por portarse bien y cumplir con las normas cuando, en realidad, no tuvieron elección.
- Dar un dulce por no llorar tras una vacuna.
- Dar postre si se lo comen todo, sin importar si tenían o tienen hambre.
- Comprar un juguete nuevo si dedica media hora diaria a leer.

MENSAJES QUE TRANSMITIMOS CON EL PREMIO

«Tu ritmo no importa».
«Tus dificultades no importan».
«Lo importante es mi objetivo».
«Es válido manipular para conseguir lo que se quiere de los demás».

"

SOBREPROTECCIÓN

La palabra *sobreprotección* es una forma edulcorada de nombrar el control. Cuando sobreprotegemos, estamos tratando de controlar las acciones de nuestros hijos, su forma de sentir e incluso su forma de pensar. Suele ir asociada a inculcar miedos e inseguridades nuestras en asuntos para los que nuestros hijos estarían preparados, limitando así su posibilidad de individualizarse y crecer.

No podemos olvidar que los niños están conociendo el mundo y nuestra forma de enseñárselo será la referencia que tengan: si jugar es peligroso, si entregar la tarea bien hecha por nosotros es más importante que hacerlos uno mismo, si es imprescindible que estemos al tanto de todo lo que hacen, si resolvemos sus problemas por ellos porque solos no van a saber... Su manera de percibir el mundo y a sí mismos estará distorsionada y van a crecer creyendo necesario buscar supervisión, ayuda o compañía de alguien que sepa más que ellos o que los pueda proteger de forma constante...

Los motivos por los que los sobreprotegemos son diversos: por incapacidad de sostener nuestros propios miedos, de confiar en la capacidad de nuestros hijos o quizá por nuestra necesidad de control o de llenar en falso un vacío afectivo del que tendríamos que hacernos cargo si nuestro hijo creciera y se separara de nuestro lado. Es decir, cuando controlamos estamos utilizando a nuestro hijo para no enfrentarnos a algo desagradable o que no estamos preparados para sentir, y para ello vamos a tener que emplear mucha energía en que moldeen su pensamiento, sus acciones y sus sentimientos para que crean que nos necesitan más de lo que realmente lo hacen.

La sobreprotección, al igual que otras formas de violencia, se hace en nombre de los cuidados. Sin embargo, la experiencia interna de los niños cuando hay control no es de cuidado, sino de falta de confianza por parte de sus figuras de autoridad, de represión o de ira, y lo viven como algo que está defectuoso en ellos. Al fin y al cabo, ¿cómo pueden no sentirse bien cuando los están cuidando?

El desarrollo de la autonomía, la necesidad de exploración, de enfrentarse a los errores y a los problemas, y de separarse progresivamente de los padres a medida que los niños crecen son aspectos imprescindibles para un correcto desarrollo y, por tanto, no permitírselo es perjudicial para su futura autoestima y la seguridad en sí mismos.

○ **Silvia asiste al consultorio** preocupada porque en la escuela las profesoras de su hija Aina, de siete años, dicen que no se atreve a explorar. La niña dice que no quiere caerse y que solo se siente segura con su mamá. Entre otras cosas, descubrimos que Silvia tiene mucho miedo a la soledad, que siente ansiedad cuando Aina se separa de ella, o incluso miedo a que muera. Su forma de gestionar ese miedo es controlar a la niña, y desde pequeña evita que haga cualquier actividad que le pueda hacer daño, transmitiéndole la idea de que el mundo es un sitio peligroso y que solo está segura cuando está con ella.

"

EJEMPLOS

- Resolver sus problemas por ellos, aunque tengan las habilidades —o algunas, al menos— para hacerlo por sí mismos.
- No dejarlos jugar a aquello que a ti te da miedo, y que a ellos no.
- Decidir por ellos en aquellos temas en los que sí son capaces de elegir.
- Sembrar la duda de si están preparados para hacer algo.
- Explicar los peligros del mundo para los que no están preparados para que no se atrevan a hacer las cosas que nos dan miedo.
- Ofrecer información sobre sucesos como secuestros, asesinatos o violaciones a una edad en la que no están preparados para comprenderla y elaborarla.

→

> **MENSAJES QUE TRANSMITIMOS CON LA SOBREPROTECCIÓN**
>
> «No confíes en ti».
> «No crezcas».
> «Quédate cerca».
> «No vas a poder».
> «Eres incapaz».
> «El mundo es peligroso».

CULPABILIZACIÓN

Alude a cualquier forma verbal o no verbal de buscar que los niños sientan culpa por algo que hicieron, sintieron o pensaron. La idea que subyace a esta manera de relacionarnos es que ese comportamiento, pensamiento o sentimiento no deseable para nosotros desaparecerá cuando los niños escuchen nuestro reproche al respecto.

Con frecuencia, culpabilizamos para tratar de activar su empatía por nosotros y hacernos más fácil la labor de criar. Por medio de la culpa, intentamos que ellos cubran las limitaciones con las que nosotros nos encontramos, y tratamos de esta forma de que ellos se hagan cargo. Si conseguimos que se sientan culpables por pedirnos jugar cuando tenemos trabajo es más fácil que no nos vuelvan a interrumpir para evitar ser molestos. Si conseguimos que se sientan culpables por tirar un vaso, aunque sea por accidente, será más fácil que sean cuidadosos la próxima vez, aunque no por madurez, tal y como se dice muchas veces, sino por miedo a nuestro reproche y a perder nuestra aprobación.

Tendemos también a culpabilizarlos de lo que les ocurre a los demás, en vez de validar cómo se sienten ellos. De esta forma, intentamos convencerlos de que hagan aquello que no quieren con quien no quieren, porque si no, los demás se van a sentir mal por su culpa. O les decimos que sus decisiones son erróneas y que si no dejan de ser como son nadie va a querer jugar con ellos. En vez, simplemente, de describir lo que ocurre, cómo se sienten ellos y cómo se sienten los demás con sus actos para que vayan comprendiendo el mundo emocional de los demás y las consecuencias de sus decisiones, les cargamos con una culpa que fácilmente los acompañará toda la vida.

> *Validar* es un término que se refiere a la comprensión y aceptación profunda de las emociones de los demás, sin juzgarlas ni querer cambiarlas. Se trata de dar importancia a lo que siente el otro y tomarlo como algo legítimo.

Jorge viene a terapia por un problema que él califica «de baja autoestima». Cree que tiene algo que le hace «ser defectuoso», y que nadie lo va a querer tal y como es. En su infancia le dijeron que era malo y egoísta tantas veces que creció creyendo que es así. La realidad es que cada vez que recuerda que lo llamaban «malo» o «egoísta» no había hecho nada raro para un niño. Durante la terapia se da cuenta de que siente tanta culpa cuando sus hijos hacen algo que no es aparentemente perfecto que trata de hacerlos sentir culpables como manera de conseguir que cambien rápido y dejar de sentirse un padre inadecuado. Seguramente, algo parecido a lo que les ocurría a sus padres cuando él no actuaba más que como un niño.

> **EJEMPLOS**
>
> «Si no hubieras tirado la leche, yo no te habría gritado».
> «Me parece increíble que no quieras jugar con tu herma-na...».
> «Por tu culpa, tu padre se fue de casa».
>
> **MENSAJES QUE TRANSMITIMOS CON LA CULPABILIZACIÓN**
>
> «Eres culpable del enojo de los demás».
> «Tus peticiones y tus límites, aunque sean legítimos, no importan si al resto no le gustan».
> «Tienes que ser como los demás quieran».
> «Ser tú mismo debe hacerte sentir culpable».

MENTIRA

Mentir es decir deliberadamente lo contrario de lo que se sabe, se cree o se piensa que es verdad con el fin de engañar a alguien. Mentimos cuando decimos algo que sabemos que no vamos a cumplir solo para que los niños dejen de hacer algo que nos molesta o cuando ocultamos algo que merecen saber por miedo a su reacción. Mentir es fruto de nuestro propio miedo o de nuestra incomodidad para poder gestionar la situación y, tal y como nos ocurre a los adultos cuando nos mienten, genera confusión, desconfianza e ira.

Es frecuente ver padres que les dicen a sus hijos que van a volver a buscarlos al preescolar en «cinco minutitos» para que entren en clase sin llorar, o que su abuelita se fue de viaje en vez de decirles que falleció. Lo que quizá no se planteen estos padres es el sentimiento de angustia que tendrá ese niño en la escuela cuando su padre o su madre no vuelva pronto, o la confusión que genera que la abuelita se fuera sin despedirse, y no saber de ella nunca más, planteándose si quizá se fue para siempre porque ya no lo quiere.

Muchas veces, el malestar generado por este tipo de situaciones es responsable de que los niños, que no lo pueden explicar, se comporten mal (lo que comúnmente se entiende como *mal*) o que estén emocionalmente desbordados. Si en vez de ir a la causa, lo que hacemos es ejercer más violencia y más represión mediante castigos, etiquetas o ignorando sus mensajes, estaremos añadiendo malestar al malestar. Y eso nunca soluciona nada, aunque pueda parecer que sí, al tener como única alternativa esconder el malestar bajo la alfombra.

Que no haya que mentir no quiere decir que tengamos que contarles todo a nuestros hijos. Hay información que es exclusiva de los adultos y está bien que así sea, pero **es importante que se pongan sobre la mesa aquellas cosas que sí están viviendo en primera persona, adaptando el relato a la edad que tengan.**

— ○ **Nuria había sido diagnosticada con cáncer.** Tenía muchas citas médicas y el malestar y el cansancio eran evidentes, pero decidió junto con su pareja no decírselo a su hijo de cinco años para no asustarlo. Cada vez que Nuria tenía alguna cita médica le decían que tenía que irse a trabajar. Martín, su hijo, comenzó a llorar y a aferrarse a ella cada vez que salía de casa «a trabajar», percibía que algo estaba ocurriendo y tenía mucho miedo, pero no había espacio para hablar sobre ello, o para nombrar lo que de verdad estaba pasando.

> **EJEMPLOS**
>
> «Voy a estar en casa mientras duermes», cuando vas a salir a cenar y a estar con otra persona.
>
> «Papá ya no está en casa porque trabaja en otra ciudad», cuando la pareja se divorció y él ya no vive en casa.
>
> «No te va a doler el piquete», cuando sabemos que la vacuna le va a doler.
>
> «Sube al coche, porque vamos a comer afuera», y conducir hasta el dentista.
>
> **MENSAJES QUE TRANSMITIMOS CON LA MENTIRA**
>
> «No confío en que seas capaz de entender algo de lo que te está pasando».
>
> «No mereces saber la verdad».
>
> «La mentira está permitida en esta familia».
>
> «Hay temas de los que es mejor no hablar».
>
> «Me dan miedo tus emociones».

GASLIGHTING

El *gaslighting* o manipulación consiste en invalidar el punto de vista del otro, hacerlo dudar de su criterio, de sus emociones y de sus decisiones, e incluso de lo que acaba de ocurrir, de forma que acabe creyendo que nuestra forma de ver la realidad es la correcta. Toda forma de invalidación emocional, de etiquetas despectivas a comportamientos o emociones, intentos de anular la visión o negar la realidad del otro entraría dentro de esta forma de manipulación.

Muchas veces, el *gaslighting* es fruto de la falta de capacidad para ponernos en los zapatos de los niños, de entender su mundo y sus emociones. Y no es de extrañar: para la mayoría de nosotros, nuestro mundo interior sigue siendo un lugar difícil de conocer y gestionar.

Otras veces, los padres utilizamos el *gaslighting* para evitar ver lo que estamos haciendo, por nuestra propia dificultad para reconocer nuestros actos, nuestras reacciones o nuestras debilidades. Nos resulta más fácil creer que nuestro hijo no tiene motivos para enojarse con nosotros que reconocer que acabamos de tratarlo de forma violenta y hacernos responsables. Preferimos decirle que no es para tanto que conectar con su dolor o con nuestra dificultad para sostenerlo. Preferimos negar cosas que ocurrieron a dar explicaciones incómodas.

Los únicos que saben lo que les está ocurriendo por dentro son ellos. Necesitan nuestras palabras para ponerlo en orden; necesitan que seamos honestos con nosotros mismos y con ellos, y dejar de poner palabras contrarias a sus sensaciones para evitar que crezcan desconfiando de sí mismos y con una sensación de inseguridad enorme. Nuestra labor es ayudarlos a confiar en su cuerpo, no convertirlo en su enemigo.

——○ **Victoria, de treinta años, acude a terapia** para tratar la relación que tiene con su madre. Quiere entender por qué se enoja tanto con ella y encontrar una forma para dejar de enojarse y, así, mejorar su relación. La historia de Victoria está llena de maltrato psicológico: siempre le han dicho que su ira responde a su carácter exagerado o excesivamente sensible, o a que malinterpreta las cosas. Victoria creyó durante treinta años que tenía un problema grave, que «estaba loca» y que percibía mal la realidad. En realidad, su ira era una señal sana de su cuerpo, avisándole del maltrato que estaba sufriendo.

> **"**
>
> ### EJEMPLOS
>
> «No llores, no es para tanto».
> «No me parece que este sea un motivo para enojarse».
> «¿Cómo quieres llevar un suéter con el calor que hace?».
> «Por Dios, qué exagerada».
> «¿Estás seguro de que ese es el juguete que quieres?».
> «Eres pequeño, no sabes lo que dices».
> «¡Yo no estoy gritando, no digas tonterías!».
>
> ### MENSAJES QUE TRANSMITIMOS CON EL *GASLIGHTING*
>
> «Tú no sabes nada sobre ti; como soy mayor, yo sí lo sé».
> «No confíes en lo que sientes».
> «Percibes la realidad alterada».
>
> **"**

PARENTIFICACIÓN

La *parentificación* es el proceso por el cual un niño se ve obligado a tomar el papel de adulto, ocupando un espacio que no le corresponde, y convirtiéndose, de alguna manera, en padre de sus padres o de sus hermanos. Los niños van asumiendo roles, responsabilidades y emociones que no son suyas y dejan de lado lo que sí les pertenece para dar cabida a lo que no. Es común que la parentificación sea muy alabada por los adultos, pues aprendimos, en nuestra propia infancia, que lo deseable es que los niños sean empáticos y muy responsables desde que son muy pequeños. Por ello, optamos por ignorar que frases como «es muy maduro para su edad» esconden mucha angustia, presión y soledad, y que para que se comporten de esa manera tan valorada, los niños tienen que inhibir sus propios sentimientos e incluso mostrarse contentos para recibir la mayor cercanía, atención y reconocimiento posibles.

A veces, la parentificación se produce porque existen padres con muchas dificultades para tener en mente y sostener el límite entre padre e hijo. Entonces, al difuminarse esa frontera, el progenitor se contagia del sentimiento de su hijo, lo vive como propio y le es imposible ayudarlo a gestionarlo. Es como si al hacerse transparentes las barreras entre los cuerpos del progenitor y del hijo, todo lo que le pasara al niño se sintiera con la misma intensidad y sin ninguna contención. La atención que necesita el niño acaba convirtiéndose en atención que reclama, de algún modo, el padre o madre, quien, aunque verdaderamente está sufriendo, deja solo al niño con sus sentimientos, y además lo carga también con los sentimientos de los adultos. Si a nuestro hijo no lo invitan a un cumpleaños y nos ponemos a llorar nosotros, será difícil ayudarlo con su propio sentimiento. Si nuestro hijo tiene un problema con un compañero y nos enojamos mucho como él, puede que incluso sea él quien acabe tranquilizándonos para que no seamos nosotros quienes vayamos a intentar solucionar su problema por él.

Otras veces, la parentificación surge porque los padres no pueden hacerse cargo de sus hijos: divorcios en los que sienten que tienen que ocupar el hueco afectivo que deja la pareja, padres con alguna enfermedad física o mental, el nacimiento de un hermano con alguna enfermedad, familias muy numerosas en las que los padres no tienen tiempo para atender a las necesidades físicas o emocionales de todos sus hijos...

Los padres somos los que tenemos la responsabilidad de cuidar a nuestros hijos, y no al revés. Somos, al mismo tiempo, los únicos que podemos hacernos cargo de lo que nos ocurre, de las decisiones que tomamos y de las consecuencias de estas. En etapas de gran dificultad, es nuestra responsabilidad buscar apoyo psicológico y logístico, y será más difícil que lo hagamos si creemos que nuestros hijos están contentos y tranquilos cuando no lo están. No es labor de los niños escuchar los problemas de los padres para que estos se sientan bien, ni tranquilizarlos cuando se desbordan. En estos casos, el resultado es que los niños suelen tener que inhibir sus propios sentimientos e incluso mostrarse contentos y divertidos, no porque se sientan así, sino porque así obtienen el beneficio de la atención, tan necesaria para su desarrollo.

——o **Lucía recuerda que, tras la muerte de su madre,** su padre empezó a tener muchas parejas con las que duraba poco tiempo. Cada vez que la relación con una de ellas acababa, su padre se derrumbaba y ella le pedía dormir con él para intentar que se animara. Su padre le agradecía que lo hiciera y, cada noche, le daba un abrazo y le decía que ella sería la única mujer que nunca lo abandonaría, una frase que seguía pesando y limitando a Lucía aún en su vida adulta y que le estaba impidiendo tener pareja e independizarse.

"

EJEMPLOS

«Si me quieres, no te vas a enojar».
«Tienes que cuidar de papá, que está muy triste».
«Ahora eres el hombre de la casa y tienes que actuar como tal».
«Si lloras, me derrumbaré».

→

MENSAJES QUE TRANSMITIMOS CON LA PARENTIFICACIÓN

«Tus límites no son importantes».

«Tus necesidades son algo secundario».

«Tienes que cuidar de los demás, aunque sea demasiado para ti».

«Los demás dependen de ti».

«Yo no puedo, tienes que poder tú».

«Tienes que ser fuerte».

TRIANGULACIÓN

La triangulación es una dinámica que busca usar a una tercera persona en los conflictos con el fin de manipular las relaciones. Ocurre cuando un progenitor usa a un niño para desahogarse con respecto al otro, creando un conflicto de lealtades en el que obliga al niño a elegir entre ambos. De esta forma, y sin tener opción, el niño se ve envuelto en una disputa que nada tiene que ver con él, en la que se le obliga a establecer una alianza con un progenitor en contra del otro. «No te enojes, porque me recuerda a cómo se pone tu padre» es una frase que resume este tipo de manipulación.

Esta división en equipos dentro de la familia puede producirse también en la relación entre hermanos, al hacer comparaciones entre ellos, hablar mal a uno sobre el otro o utilizar a uno como mediador en las conversaciones que los padres no se atreven o no quieren tener con el otro: «¿Por qué no aprendes de tu hermano?, él sí que es responsable», «Habla con tu hermano, porque no quiere decirnos lo que le pasa».

Otra forma común de triangular utilizando a los niños es colocar la atención de la pareja en un aparente problema de su hijo, en vez de en un problema de la propia pareja que no se quiere afrontar. En muchos casos, ese problema aparente no es más que la forma en la que el niño expresa el malestar que siente justo debido al problema que sus padres no afrontan.

"

La triangulación, además, puede llegar a límites peligrosos en el contexto de los problemas de pareja, ya que llevada al extremo se incluye dentro de la violencia de género. Me estoy refiriendo a la tan peligrosa **violencia vicaria**, que es **una forma grave de triangulación**. En este tipo de violencia, los niños son utilizados como forma de seguir haciendo daño a la mujer, al ser objetos de manipulación, secuestro o, como hemos visto en algunos casos muy mediáticos, incluso la muerte.

"

——○ **Raúl estaba siempre presente** en las disputas que tenían sus padres. Tras cada discusión, la madre de Raúl le decía: «¿Verdad que viste lo mismo que yo, hijo?», y él siempre contestaba que sí. Raúl tenía muy mala relación con su padre y lo culpaba de no entender a su madre. En terapia, se dio cuenta de que sus padres tuvieron una relación de codependencia de la que los dos eran responsables, y que como niño no tenía ni los recursos ni el rol para opinar sobre la relación. Al haber presenciado el conflicto, se vio obligado a tomar partido, perdiendo la oportunidad de elegir qué tipo de relación quería tener con su padre.

"

EJEMPLOS

«Me parece increíble que tu padre se fuera a cenar con sus amigos y me dejara aquí sola».

«Tu hermano me la hizo pasar muy mal hoy, ¿puedes hablar tú con él por mí?».

«Si tú no te portaras así, mamá y yo no discutiríamos».

«¿Por qué no eres como tu hermana?, ella se porta mejor».

MENSAJES QUE TRANSMITIMOS CON LA TRIANGULACIÓN

«Mis problemas son también tuyos».

«No puedes mantenerte al margen de mis problemas».

«Estás conmigo o estás contra mí».

«Puedes ser utilizado por otras personas».

«Eres un objeto que puedo usar».

"

ABUSO SEXUAL

El abuso sexual infantil es un tema complejo, ya que es difícil de definir y, a veces, de identificar. Existen formas de violencia sexual que casi todos reconocemos y denunciamos: la penetración, los tocamientos de las partes íntimas o el exhibicionismo. Sin embargo, el abuso sexual engloba tocamientos inadecuados que no tienen por qué ser en la zona genital, como caricias en el cabello o en los brazos con intención de recibir placer sexual, juegos inapropiados o sexualizados o exposición a material o conversaciones inadecuadas. En estos casos, existe una transgresión con una intencionalidad sexual que, aunque sea muy sutil o aparentemente inofensiva, es violencia y abuso. Según datos de la Organización Mundial de la Salud (OMS), uno de cada cinco menores en el mundo sufre abuso sexual en la infancia, en la mayoría de los casos por parte de algún familiar o persona cercana al menor.

> Save the Children calcula que en España entre un 10 y un 20% de la población ha sufrido abuso sexual infantil. El 85% de estos abusos ocurre en el ámbito intrafamiliar. Se estima que solo un 15% de los casos llegan a las autoridades.

Los datos que las cifras arrojan son muy preocupantes y hacen aún más urgente que establezcamos con nuestros hijos, desde edades tempranas, qué es y qué no es un comportamiento adecuado, empezando por respetar que no quieran nuestros besos o abrazos en un momento determinado. Los abusos son una experiencia muy dolorosa, pero quizá más desolador es tener que vivirlos en silencio. Por eso es esencial alimentar la suficiente confianza para que, en situaciones de riesgo, acudan a nosotros; que nuestra relación esté tan libre de violencia que ellos mismos sepan identificar cualquier abuso y cualquier chantaje o amenaza asociada, y que tengan la certeza de que, si nos lo cuentan, les vamos a creer, apoyar y proteger. Además, en este apartado me gustaría centrarme también en algunas formas de abuso sexual mucho más *desconocidas* y sutiles, en las que, en mayor o menor medida, participamos sin darnos cuenta, sin ser conscientes de los riesgos que implican.

Cuando los niños son tratados como objetos sexuales también están sufriendo violencia sexual, aunque sea de forma menos evidente y hoy en día se encuadre dentro de la legalidad. Este dato es relevante para que reflexionemos, por ejemplo, sobre la sexualización de las niñas desde que son muy pequeñas. Solo hace falta echar un vistazo al tipo de disfraces que se venden para ellas o a la ropa infantil femenina, que es más ajustada, más escotada y que está diseñada más para agradar que para explorar y jugar. La presión sobre el aspecto del cuerpo femenino y los cánones de belleza de las mujeres se convierten en un peso que, cuando actúa sobre cuerpos y mentes en desarrollo, supone un riesgo sobre el que necesitamos reflexionar y tomar decisiones.

Hoy en día, con el uso de las redes sociales, lo que comentamos es especialmente relevante. Desde nuestros perfiles, podemos estar contribuyendo a que se genere una identidad digital de niña sexi al exhibir a nuestras hijas, por ejemplo, con poses sexualizadas o bailando de forma sensual. No podemos olvidar que en redes sociales no conocemos la identidad ni las intenciones de los usuarios que nos siguen y que podemos estar ofreciendo material para pedófilos sin darnos cuenta. Incluso información para futuros *groomers,* esto es, personas adultas que, a través del engaño, contactan con menores a través de internet (fundamentalmente en chats, redes sociales o foros) para conseguir material de pornografía infantil o información para abusar sexualmente de menores.

Igualmente, es importante estar atentos y tener cuidado, puesto que la sexualización de las niñas puede suceder a la inversa. En un intento por protegerlas de un mundo que sabemos que puede ser muy peligroso para ellas, las obligamos a abandonar la niñez antes de tiempo, diciéndoles que ya son mujeres en cuanto tienen su primera menstruación. También tratándolas de forma diferente de la noche a la mañana, haciéndolas responsables de evitar posibles agresiones sexuales —como si dependiera de lo que hicieran—, prohibiéndoles llevar falda, insinuando que sus amigos a partir de ese momento van a interesarse sexualmente en ellas, forzándolas a depilarse para evitar el rechazo a su cuerpo por parte de los demás y pasar así por una especie de luto de su infancia para el que todavía no están preparadas. De este modo, ponemos sobre sus hombros un conocimiento y una responsabilidad sobre el mundo que, irremediablemente, termina con una inocencia a la que, como niñas, tienen tanto derecho como sus hermanos. Nuestra función como padres, en ese caso, pasa por **protegerlas sin hacerles renunciar a su infancia:** una tarea complicada, aunque muy necesaria, en el mundo de hoy.

○ **Celia acude a terapia** por problemas con su pareja. Siente mucho asco cada vez que él quiere bañar a la hija que tienen en común. No entiende por qué siente tanto rechazo, si es un momento bonito en el que los dos parecen disfrutar mucho. Sus amigas le dicen que se relaje y que lo disfrute, que sus esposos no tienen esa iniciativa y que ojalá la tuvieran. Pero Celia no puede relajarse por mucho que lo intente, tiene sensaciones muy intensas, y un día incluso llegó a empujarlo para apartarlo de la niña. Celia no tenía el recuerdo, pero sufrió abuso sexual por parte de la pareja de su madre a una edad similar a la de su hija, y el abuso tenía lugar durante la hora del baño.

"

EJEMPLOS

- Someter a los niños a delitos sexuales como la penetración, los tocamientos, la masturbación, la explotación sexual, la seducción, el *grooming*, etcétera.
- Presenciar relaciones sexuales adultas (aunque sean pequeños y pensemos que no se dan cuenta).
- Sexualizar a las niñas.

→

«

MENSAJES QUE TRANSMITIMOS CON EL ABUSO SEXUAL

«Tu cuerpo es para el disfrute de otros».
«Tus límites no importan».
«Está bien utilizarte como objeto de satisfacción para los demás».
«Tienes que gustarles a los demás».
«Para gustar es necesario obviar tus límites o sexualizarse».
«Tu físico es muy importante».

»

NEGLIGENCIA

La *negligencia emocional* es una falta de atención, de no dar una respuesta adecuada a los sentimientos de un niño. Cuando no tomamos en cuenta sus emociones, sus ritmos o su desarrollo, no podemos hacernos cargo de esas necesidades y quedan desatendidas. Muchas de las formas de violencia descritas anteriormente llevan implícita la negligencia. Cuando castigamos, controlamos o abusamos, dejando de atender las necesidades reales de nuestros hijos, estamos siendo negligentes. Esto es importante, porque tenemos la idea de que solo son negligentes los padres que no se hacen cargo de sus hijos, que no cubren sus necesidades básicas, que los ignoran constantemente o que los abandonan.

La negligencia física es más fácil de advertir. Generalmente, nos llevamos las manos a la cabeza cuando escuchamos noticias sobre padres que no dan de comer a sus hijos, no se encargan de su higiene o no los llevan al médico cuando están enfermos. La emocional es mucho más difícil de identificar: es una forma invisible de violencia y está absolutamente normalizada. Y no solo eso, durante muchos años ha sido recomendada como forma de gestionar el mundo emocional de los niños. Nos olvidamos de que de esta manera los estamos privando de algo necesario, así como de la posibilidad de aprender a cuidarse de forma adecuada en el futuro. La negligencia es invisible, y no se recuerda porque aparentemente no ocurrió. Por eso, para muchos adultos es difícil identificar que la vivieron.

En algunas familias la negligencia se produce porque uno de los progenitores o ambos buscan una excesiva cercanía con sus hijos, les cuesta mantener el rol de autoridad que conlleva ser progenitor, y se colocan, quizá, en una posición de hermano o amigo. Es como si la línea que separa ser padre y ser hijo se difuminara, como si el lugar de cada uno no estuviera claro, y las consecuencias que ello conlleva, tampoco. Aunque pueda parecer una posición más *divertida* o *igualitaria,* deja sin embargo al niño huérfano de su tan necesaria figura de autoridad, que le proporciona protección y cuidado.

A veces, la negligencia deriva de un intento de tener una relación cercana, de evitar que nuestros hijos sientan el autoritarismo o la distancia afectiva que nosotros experimentamos en nuestra infancia. Otras veces surge del miedo a que crezcan, se alejen o nos juzguen. No queremos sentirnos rechazados por ellos, que se enojen por ponerles límites, que nos digan que somos unos anticuados o el temido: «¡Es que tú no me entiendes!». La realidad es que nuestro papel es ser sus padres, con lo bueno y lo malo que lleva implícito. Los padres nunca podremos ser amigos: tengamos una buena relación con nuestros hijos o no, nuestro lugar siempre será otro.

Alberto y Marina estaban teniendo dificultades a la hora de ponerse de acuerdo en dos temas: si su hijo de dos años iría o no a la guardería, y con quién dejarlo en caso de necesidad si querían pasar algún tiempo a solas... Para Marina, la guardería era necesaria para poder conciliar laboralmente; aunque ambos eran autónomos y podían cambiar de vez en cuando sus horarios de trabajo, no llevar a su hijo Diego ninguna hora a la guardería suponía un estrés y una carga que ella no se sentía capaz de asumir. Para Alberto, sin embargo, ese estrés valía la pena, decía no importarle dormir menos o ir corriendo de un lado a otro con tal de que Diego no se separara de ellos. Además, para ella era importante salir alguna noche a cenar con Alberto, y aunque proponía dejar a Diego con los abuelos, Alberto siempre se negaba argumentando que era muy pequeño y que lo iba a pasar muy mal. Vinieron a terapia buscando asesoramiento para ver qué era lo mejor para Diego y para que los ayudara a tomar una decisión. Fue crucial hablar de la infancia de ambos para que pudieran entenderse. Cuando Marina tenía dos años, su madre comenzó a trabajar unas horas y, aun así, su relación siguió siendo cercana y segura, así que Marina había aprendido a confiar en los vínculos. Alberto, sin embargo, tuvo una infancia marcada por la soledad: sus padres habían sido estrictos en cuanto a organización, logística, horarios, etcétera, pero emocionalmente tuvo una carencia enorme que le pesaba y que no quería por nada del mundo repetir con su hijo Diego.

"

EJEMPLOS

- Descuido de la higiene.
- Falta de atención médica.
- No proporcionar ropa de abrigo cuando hace frío.
- No llevar nunca el almuerzo o merienda al niño.
- Largos periodos sin supervisión.
- Existencia de peligros en el hogar que no se corrigen.
- Ignorar berrinches, llantos u otras emociones.
- Deserción escolar.
- Descuidar nuestra posición como padres.

MENSAJES QUE TRANSMITIMOS CON LA NEGLIGENCIA

«Tus necesidades no son importantes».
«No me importas».
«Tienes que poder solo».
«Eres molesto».
«No quiero ejercer mi papel de padre».

"

EXPOSICIÓN A LA VIOLENCIA

Puede que algunas personas crean que la única violencia es la que recibimos directamente. Sin embargo, ser testigo de la violencia, de cualquiera de las violencias expuestas en este capítulo, puede llegar a ser igual de dañino que recibirla directamente. Ser testigos de cómo se ejerce la violencia sobre otra persona nos da información sobre lo que nos pasaría si actuáramos igual que la persona que la recibe: genera una sensación de desprotección, incertidumbre y alerta que hace que nos adaptemos a la norma que creemos necesaria para evitar esa violencia. Además, ser testigos de la violencia hace que la normalicemos, tal y como muchos de nosotros hemos hecho en nuestra vida. Ahora, sin embargo, lo podemos cuestionar. Ser testigo de violencia de género, de violencia entre hermanos o de violencia social produce igualmente miedo, ira e indefensión. A esto se une la culpa que a veces se siente por no proteger a las personas que están siendo víctimas de esa violencia (como si un niño pudiera hacer eso) o por sentir alivio al no ser la persona que recibe el ataque directo.

Suele ser difícil para los testigos de violencia reconocer el daño que sufrieron. Lo cierto es que muchas personas no se sienten con derecho de hablar de ello, al no haber sido las víctimas directas de los ataques que vieron o escucharon. Creen que exageran, que son egoístas o débiles por sufrir por algo que creen que no vivieron ellos mismos. Sin embargo, **es esencial que reconozcamos el impacto que recibe el testigo de la violencia y generar los espacios necesarios para trabajar las secuelas que conlleva,** que, tal y como se dijo anteriormente, pueden ser las mismas que las de la persona que sufrió la violencia en primera persona.

Es importante tener en cuenta también la violencia a la que los niños están expuestos en los medios —informativos, películas recomendadas para edades más avanzadas o, según van creciendo, la violencia sexual sobre todo procedente de la pornografía—, que tiene un alto impacto emocional y es muy difícil de comprender e integrar, pudiendo ser fuente de comportamientos disruptivos y emociones desagradables.

——○ **Ramón, de siete años,** jugaba todos los días con sus muñecos de forma sexual. Los sujetaba y hacía como que los penetraba mientras decía «Sé que te gusta». Sus padres se alarmaron inmediatamente, creyeron que quizá alguien en la escuela había abusado sexualmente de él. Les daba tanto miedo que fuera así que decidieron traerlo a terapia sin hablar con él. Resulta que Ramón había visto un video pornográfico en la computadora de su padre y lo había impresionado tanto que su manera de intentar procesarlo era repitiéndolo con sus muñecos.

"

EJEMPLOS

- Ser testigo de violencia de género.
- Ver cómo un progenitor utiliza cualquier tipo de violencia con un hermano.
- Poner las noticias a la hora de comer.
- Ver películas violentas con ellos.
- Acceder a la pornografía.

MENSAJES QUE TRANSMITIMOS
CON LA EXPOSICIÓN A LA VIOLENCIA

«Si le está pasando a otro, te puede pasar a ti en cualquier momento».
«En las relaciones está permitido hacer daño».
«El mundo es un lugar inseguro».
«No confíes en nadie».

"

UNA EXPERIENCIA EN COMÚN

No tengo ninguna duda de que muchos lectores experimentaron en su infancia muchas de estas formas de violencia; algunos, quizá todas. Y, aunque podamos poner en contexto social, personal o cultural sus causas, eso no minimiza el impacto que tuvieron o las secuelas que acarrean. El análisis cultural nos puede ayudar a reflexionar sobre qué medidas tomar para prevenir o qué recursos necesitamos para intervenir y apoyar a quien vivió o vive esta violencia. Aunque logremos entender sus causas, eso no la justifica en ninguna de sus formas.

Es tremendamente importante reconocerla, comprender su impacto, expresar todo aquello que no se pudo comunicar en su momento. Es decir, poner voz a nuestra propia infancia para que nos sea posible dar voz a la de nuestros hijos.

> **La frecuencia y la intensidad de la violencia son datos importantes para tener en cuenta. No es lo mismo castigar a diestra y siniestra un día en que nos sentimos desbordados que castigar cada día. No es lo mismo chantajear con chocolate para salir de casa a tiempo de manera puntual que dar una golpiza.**
>
> **Además de la frecuencia y la intensidad, factores como la edad, la persona que ejerce la violencia o el contexto influirán en que un acto violento tenga un impacto u otro sobre cada niño.**

Quizá a algún lector le cueste ver lo descrito como *violencia;* es normal. Algunas de sus formas están tan tremendamente invisibilizadas que considerarlas así por primera vez quizá suene exagerado o alarmista.

Quizá ponerlo en un contexto adulto nos ayude a visibilizar la violencia que hay en estos comportamientos. La mayoría de nosotros entendemos que, si un hombre intimida, pega y controla a una mujer, estamos hablando de violencia de género; si un jefe nos presiona y amenaza con despedirnos para que hagamos su trabajo, es un abuso de poder; si un médico no nos atiende estando enfermos, está siendo negligente. También sabemos que no es adecuado gritarle a la gente que queremos o con la que trabajamos para conseguir que hagan lo que nosotros deseamos, o que el contacto físico sin consentimiento es abuso sexual. Sin embargo, lo hacemos con los niños, nos creemos con derecho a ello, de la misma manera que otros adultos se sintieron con derecho a hacérnoslo a nosotros. El motivo subyacente es muy duro de nombrar, pero, en mi opinión, es muy necesario verbalizarlo: nos sentimos con derecho a tratarlos así por el mero hecho de ser niños. Porque están indefensos. Lo hacemos porque podemos.

RESUMEN

- *Existen numerosos tipos de violencia contra la infancia que están normalizados en nuestra sociedad.*

- *Si ejercemos violencia sobre nuestros hijos, vamos a dañar su desarrollo emocional, psicológico y físico.*

- *Es importante reconocer la violencia que ejercemos con el fin de buscar alternativas respetuosas que no hagan daño a nuestros hijos.*

- *La gran mayoría de nosotros padecimos muchos tipos de violencia, creyendo que era lo que merecíamos. Eso nos dejó una huella que hace más probable que repitamos aquello que nos hizo daño.*

5

¿FUERA CULPAS?

Viendo con perspectiva la cantidad de violencia que ejercemos sobre los niños en nombre de la educación, quizá deberíamos plantearnos si dejar la culpa fuera del rango de sentimientos importantes dentro de la paternidad es una buena idea. Aunque en los últimos tiempos la culpa está teniendo muy mala prensa, deshacernos de ella por completo no parece una opción acertada: nos impedirá centrarnos en lo que sí necesitamos trabajar. Para entender este debate que se genera alrededor de la culpa, puede ayudar la distinción entre la *culpa sana* y lo que algunos autores llaman la *culpa neurótica*.

La culpa neurótica es esta culpa pegajosa, duradera, que aparece con muchísimo remordimiento y que hace muy difícil ser comprensivos con nosotros mismos. Es la que surge cuando nos comparamos con un modelo de perfección absoluta a todas luces inalcanzable, y nos recriminamos por no llegar a él. Muchas veces, surge sin una justificación real, como por ejemplo cuando una madre sale a hacer media hora de ejercicio y cree que está abandonando sus obligaciones. La trampa de este tipo de culpa es que recriminarse no da espacio a la mejora, ni a la acción, ni al disfrute, y, en algunos casos, es más fruto de una enseñanza social que de la realidad actual de cada uno.

La culpa neurótica puede tener muchas funciones. Por ejemplo, evitar el cambio porque da mucho miedo. Mientras miramos esa culpa, evitamos hacernos cargo de lo que necesitamos. De esa manera, conseguimos que otros nos atiendan o se hagan cargo de lo que a nosotros nos cuesta tanto. Resulta sencillo que los demás empaticen con nosotros cuando nos castigamos y se ofrezcan a ayudar en cuestiones que quizá de otro modo no ayudarían o para las que nunca nos atreveríamos a pedir directamente ayuda. **Para muchas personas, pedir ayuda es señal de debilidad o de fracaso (fruto de la exigencia o de la soledad que vivieron en su infancia); recriminarse es un mecanismo mucho más conocido y fácil para ellas.** En algunos casos, aunque se ofrezca ayuda o una solución, la persona que siente una culpa neurótica la descartará porque su función no es solucionar el problema, sino victimizarse para atraer la atención, para controlar o manipular las relaciones.

La culpa neurótica puede ayudar a evitar la crítica de los demás o justamente lo contrario: atraerla para confirmar creencias que interiorizamos en nuestra infancia sobre nuestra falta de valía, nuestra incapacidad o la falta de confianza en los demás y en el mundo.

Una de las funciones de la culpa neurótica que más nos interesa como progenitores es la de evitar la ira que sentimos hacia un daño hecho por otros. Tal y como describía con anterioridad, en los primeros años de vida, debido a la forma en la que funciona la mente infantil, creemos que todo lo que pasa a nuestro alrededor ocurre por nuestra culpa; que nosotros hicimos algo para merecer el mal que nos aqueja: desde que nuestro padre nos pegue hasta que nuestra abuela fallezca. Si nadie nos acompaña en la experiencia de esos sentimientos, nos desculpabiliza y nos ayuda con la ira totalmente natural que se siente en esas situaciones, será normal que crezcamos con esa manera de funcionar, sustituyendo la ira por culpa. **La ira que no podemos expresar hacia afuera, la acabamos expresando hacia adentro.** En el contexto del tabú de los padres, de la falta de espacios donde hablar del enojo que sentimos de pequeños, nos es más *sencillo* agarrarnos a una culpa pegajosa, por muy desagradable que sea, que enojarnos e integrar nuestra verdad.

La culpa sana es aquella que surge cuando transgredimos los límites impuestos por nuestros derechos o valores, o cuando hacemos daño a otro. Es el sentimiento que ayuda a asumir la responsabilidad de forma proactiva, buscando cambiar y mejorar, al poner en marcha medidas que reparen las consecuencias del daño o medidas preventivas para no repetir actuaciones similares más adelante. Si le gritamos a nuestro hijo, la culpa nos ayuda a darnos cuenta de que no fue la manera más adecuada de hablarle, y nos conduce a intentar encontrar un modo más calmado de dirigirnos a él la próxima vez. En resumen, la culpa nos permite reconocer el impacto de lo que hicimos en el otro, arrepentirnos, pedir perdón, perdonarnos y aprender.

Gracias a la culpa sana podemos hacer una valoración realista de una situación sin reprocharnos, sin una exigencia desmedida ni diálogos internos destructivos. Podemos tener plena conciencia de que causamos un daño físico, emocional y, a la vez, tratarnos con comprensión y compasión —que no es lo mismo que indulgencia—, y confiar en que podemos mejorar y reparar el daño.

> "
>
> ### COMPRENSIÓN VERSUS INDULGENCIA
>
> - *Comprensión:* entender, validar, asumir responsabilidad, hacernos cargo. Se expresa en frases como «cuánto cuesta, es normal no saber hacerlo al principio...».
> - *Indulgencia:* quitar importancia, minimizar la culpa, no hacernos cargo. Se expresa a través de afirmaciones como «bueno, da igual» o «para qué voy a intentar hacerlo de otra forma».
>
> "

La culpa sana es la manera adulta de hacernos cargo de nuestros errores. Nos ayuda a huir del «soy buen padre» o «soy mal padre»; a entender que no somos perfectos, que el fallo es la norma y que aun así podemos hacer lo que esté en nuestra mano para reparar o amortiguar el impacto del daño que cometimos. Es un sentimiento que viene, nos trae su mensaje y, cuando nos hacemos cargo, desaparece, dejando paso al trabajo al que nos hemos comprometido para mejorar.

No se trata solamente de pedir perdón, sino de hacerlo de manera sincera y de pasar a la acción. Si un padre le pega a su hijo cada vez que se ensucia la ropa jugando o comiendo, más allá de pedir un perdón genuino y desculpabilizar a su hijo por algo que es absolutamente normal, necesitará buscar una forma (que será diferente en cada familia) de reparar el daño para que su hijo pueda recuperar la confianza en él y vivir sin miedo a recibir más golpes.

A algunas personas les será útil revisar sus expectativas o sus creencias para ajustarlas más a la realidad: los niños se ensucian y es más importante que jueguen y que sean autónomos comiendo a que la ropa esté limpia. Para otras, lo verdaderamente útil será comprar ropa que no les importe que se estropee. Igualmente, habrá familias en las que la solución pasará por explicar la dificultad que supone poner tantas cargas de lavadora a la semana y llegar a un acuerdo con los niños para que participen en la faena. En otros casos, seguramente muchos, se necesitará profundizar en su historia a través de la terapia personal. Y, por supuesto, tendremos que respetar la desconfianza que el niño siente hacia quien le pegó, así como respetar el tiempo que le lleve recuperarla. Si nada de eso ocurre, lo normal (a pesar del perdón) es que ese padre vuelva a pegarle a su hijo cuando se vuelva a ensuciar. Si nada cambia, nada cambia. Por eso, **la culpa sana permite que la relación con nuestros hijos sea segura. La culpa neurótica,** sin embargo (aunque con un alto beneficio para nosotros a nivel psicológico y social), **nos victimiza o nos procura el reconocimiento y el apoyo de los demás adultos o miembros de la familia, pero será un obstáculo en la relación con nuestros hijos y con los demás.**

Manuela viene a terapia preocupada por lo que ella llamaba «la rebeldía» de su hija Marta, de tres años. Al parecer, Marta tenía miedo por las noches, por lo que se negaba a quedarse en su cama y pedía dormir con su madre. Manuela se presentó como una madre comprensiva e informada: decía haber leído mucho sobre cómo la culpa en la maternidad limita y estaba orgullosa de haberse deshecho de ella. Describía sin emoción las medidas que tomó para conseguir lo que era su objetivo —que su hija durmiera sola en su cama—, las cuales pasaban por cerrar con llave la puerta de la habitación de Marta por afuera para que no pudiera salir o dejarla estar en la habitación de Manuela, pero de pie y despierta toda la noche. El hecho de que Marta no estuviera durmiendo, además, estaba teniendo un impacto en su desarrollo escolar y en sus relaciones. Manuela lo justificaba diciendo cosas como «Al final todas las madres nos desbordamos a veces y debemos ser comprensivas con nosotras mismas» o «Hago lo mejor que puedo; además, lo importante es que ella aprenda». Deshacerse de la culpa le hizo adoptar una postura extremadamente indulgente consigo misma como madre y describía sin emoción algunas humillaciones y comportamientos violentos hacia su hija.

El trabajo con Manuela consistió justamente en ayudarla a empatizar con Marta, poner la violencia sobre la mesa, hablar de la angustia que debía de sentir su hija al estar encerrada en una habitación en la que tenía tanto miedo; el impacto de que se le negara el contacto en una situación de estrés, el castigo tan cruel que suponía tenerla de pie toda la noche como única forma de tener cerca a su madre; lo grave que era no permitir dormir a la niña si no era con las condiciones que Manuela consideraba, y la exigencia que suponía esperar de ella, además, que siguiera con el mismo

LOS NIÑOS QUE FUIMOS, LOS PADRES QUE SOMOS

rendimiento escolar y que no mostrara esa «rebeldía», cuando Marta, lo que estaba viviendo, era una tortura.

Es importante encontrar relaciones y entornos que nos ayuden a conectar con la culpa sana que surge en nosotros cuando hacemos daño a otro para poder reparar y encontrar formas más respetuosas de tratar a nuestros hijos. Aunque nuestras justificaciones, como en el caso de Manuela, a veces tienen una parte de verdad, también pueden limitar la posibilidad de empatizar con los niños, cuidarlos, mejorar la relación con ellos y reducir los niveles de estrés en casa.

RESUMEN

- *La culpa sana es un sentimiento importante que nos ayuda a reconocer el daño hecho a otros y a responsabilizarnos de repararlo.*

- *Existe otro tipo de culpa —la culpa neurótica— que nos inmoviliza y nos castiga, y que no es deseable. Cuando aparece, es importante reconocerla y trabajarla.*

- *Reconocer y reparar nuestros errores aportará confianza y seguridad a nuestros hijos, y un modelo para reconocer, poco a poco, los suyos.*

6

«PERO MI INFANCIA FUE FELIZ»

No es fácil creer que la mayoría de nosotros estemos viviendo sin ser verdaderamente conscientes de cómo fue nuestra infancia. Todos tenemos un relato sobre ella que damos como bueno y muchos defendemos a capa y espada: «Mi infancia fue muy feliz» o «Yo tuve unos padres maravillosos». Sin embargo, si profundizáramos, nos daríamos cuenta de que quizá lo que decimos no se sostiene.

El discurso acerca de nuestra infancia muestra, en realidad, cómo nuestros diferentes sistemas de memoria han organizado los recuerdos para poder estar lo mejor posible dentro de la situación actual. Es decir, que lo que decimos que recordamos a veces no es lo mismo que recuerda nuestro cuerpo. El funcionamiento de las personas es bastante más complejo. Quizá, para entenderlo, nos ayudaría abrirnos a la idea tan poco extendida y, a la vez, tan maravillosa de que las personas organizamos nuestro relato de forma que nos resulte soportable; que recordar de una manera o de otra dependerá de lo que nos pasó, de quién nos acompañó y de cuánto necesitamos protegernos. Los seres humanos organizamos nuestros recuerdos y procesamos la información interna y externa de manera que podamos dejar afuera de nuestra conciencia aquello de lo que no nos sentimos seguros gestionando, lo que nos supone mucho dolor o a lo que no podemos encontrarle sentido, porque nadie nos ayudó a hacerlo. Debido a que de niños no podemos hacer frente a determinadas sensaciones o situaciones sin el apoyo necesario, estructuramos nuestra experiencia en función de los recursos de los que disponemos en cada etapa, de manera que podamos vivir de la forma menos dolorosa posible. Para ello, si es necesario, hacemos uso de una serie de mecanismos en nuestro discurso, para evitar conectar con nuestra experiencia real de cómo fueron las cosas para nosotros.

Estos son algunos ejemplos frecuentes de cómo nos protegemos:

- **Idealización.** Definimos las relaciones pasadas como muy positivas, aunque al ahondar en ellas encontramos evidencias de lo contrario. Generalmente, esta idealización va unida a una visión negativa de uno mismo, expresada con un lenguaje discursivo en el que todo lo violento o inadecuado que nos pudo ocurrir fue por algún rasgo de nuestra personalidad o por algún comportamiento que lo justifica. Este mecanismo sigue activo en muchísimas personas adultas que no han podido enfrentar aún la experiencia y la angustia de la realidad.

Sonia explica en terapia que su madre era muy buena y que siempre la cuidaba. Que es la única persona que en la actualidad la ayuda y le pregunta cómo está. En la misma sesión, cuenta que con cinco años tuvo un accidente de coche muy grave con su padre, que era alcohólico. Cada noche, su madre le decía que fuera a buscarlo al bar para llevarlo a casa, porque a ella le hacía más caso. Un día, tras ir a buscarlo —sola en una ciudad grande—, su padre decidió llevársela a otro bar en coche y chocaron. Al llegar su madre al hospital, lo primero que le dijo fue: «Te dije que lo trajeras a casa». Esa fue solo una de las anécdotas que se escondían tras la idealización de su infancia.

- **Exoneración.** Aunque en el discurso se reconoce lo que nos ocurrió, pasamos por alto el impacto que tuvo en nosotros al tomar la perspectiva de nuestros padres, considerando sus dificultades o el entorno social:

«Sí, me pegaban, pero es que como yo me portaba, obviamente me iban a pegar», «Lo hicieron lo mejor que pudieron», «Qué esperabas de esa época...». De esta forma, admitimos el acto, pero negamos o minimizamos el impacto que tuvo sobre nosotros o sobre la relación que tenemos o teníamos con nuestros padres. Si la culpa es de la sociedad o nuestra, pero no suya, ¿cómo enojarnos o reconocer que eso nos hizo desconfiar de ellos? Nos escondemos en análisis racionales que nos ayudan a protegernos, alejándonos de nuestra experiencia interna.

Guillermo era muy severo con su hijo Víctor: creía que el fin de educar justificaba los medios que usaba, y estaba poco dispuesto a plantearse cambiar su manera de actuar con él. Contaba cómo, a los cuatro años, su padre le había gritado y castigado sin salir de casa una semana por pintar una pared. Le pregunté cómo se había sentido, dónde estaban sus padres cuando él la pintó y dónde estaban las pinturas. Guillermo respondió que eso daba igual, porque con cuatro años él ya debería saber que eso estaba mal y no hacerlo. Ese tipo de vivencias habían hecho que las expectativas de Guillermo sobre lo que un niño es capaz de hacer o no estuvieran totalmente distorsionadas y lo llevaban a sentir mucha presión para conseguir que su hijo encajara en lo que él consideraba «un buen comportamiento».

- **Error al atribuir intencionalidad.** En nuestro pensamiento se creó una distorsión que asocia la hostilidad o la violencia con una intención bondadosa, incluso con amor: «Me pegaban porque me querían», «Todo lo hicieron por mi bien». El peligro de haber tenido que organizar nuestras experiencias así es que esas creencias, esa culpa por algo que no nos corresponde, sigue activa en la edad adulta, pudiendo hacer que obviemos señales de alerta importantes en las relaciones y viendo como normal que nos traten mal, incluso justificándolo. Un ejemplo son los celos y el control en las parejas: «Me controla porque me quiere».

——o **Nerea está preocupada por su hijo de seis años.** Tiene explosiones de ira muy grandes y, además, nunca quiere estar con ella. La situación de Nerea es compleja: vive con sus padres y su madre no respeta ninguna de las decisiones que Nerea toma con respecto a su hijo. Así que desistió y dejó que su madre tomara el control de su hijo, al que además está manipulando para ponerlo en contra de su madre. Lo hace de forma encubierta y presentando una aparente preocupación por ella y por su nieto, además de muchas muestras de cuidado aparente: prepararles la comida, lavarles la ropa, comprarles lo que necesitan... De este modo, si Nerea se molesta, la intenta culpabilizar, victimizándose. La madre de Nerea está haciendo con su nieto lo mismo que hizo con su hija. El hecho de que el abuso emocional se dé entre tanto cuidado aparente hace que le resulte imposible verlo: «Todo lo hizo por mí, nunca tuvo mala intención». Fue muy difícil para Nerea aceptar que el abuso y la manipulación nunca tuvieron una buena intención, al menos, una buena intención hacia ella.

> **Algunas frases que la sociedad sostiene como ciertas ocultan este tipo de mecanismos:**
>
> - «Quien bien te quiere, te hará llorar».
> - «Lo hago por tu bien».
> - «El amor de los padres es incondicional».
> - «Nadie te va a querer más que tus padres».
> - «Todos tenemos los padres que necesitamos».
> - «Nadie te conoce mejor que una madre».

Es importante comprender que —a pesar de este tipo de mecanismos para alejar o bloquear experiencias desagradables— lo comentado hasta ahora no tiene por qué significar que no hubiera momentos bonitos o agradables con nuestros padres. Sobre lo que estamos reflexionando aquí es sobre la dinámica de relación que teníamos con ellos y cómo nos afectó esta, sobre la seguridad y la aceptación que pudimos interiorizar en relación con ellos y la visión de nosotros mismos que asimilamos a través de sus palabras, sus actos y su mirada. También es relevante destacar el hecho de que, aunque estos mecanismos de protección son los más presentes en el discurso general de la sociedad, y que, por tanto, tienen un impacto enorme en la normalización de la violencia hacia los niños, no son, en absoluto, las únicas estrategias. Existen otras completamente diferentes en las que encontramos otro tipo de incongruencias distintas que no resulta pertinente explicar en este libro al ser, en mi opinión, objeto de terapia personal y mucho más complejas de exponer.

POR QUÉ CREER ALGO QUE NO ES LO QUE FUE: UN DISCURSO INCOMPLETO FRUTO DEL TRAUMA

Aunque nos cueste admitirlo, el hecho de que exista este **discurso incompleto o distorsionado** es señal de que somos personas traumatizadas. Soy perfectamente consciente del estigma y de la alerta que salta cuando se dice en alto la palabra *trauma*. Sin embargo, en mi opinión, necesitamos decirla más y con mucha más naturalidad. Los expertos mundiales en trauma afirman que es la epidemia invisible en la infancia y, como veremos más adelante, conocerlo mejor sería tremendamente benéfico en múltiples aspectos, tanto para nuestros hijos como para nosotros.

Un trauma es una experiencia que supera los mecanismos de supervivencia de una persona, que sobrepasa los recursos que la persona siente que tiene. Lo que generalmente imaginamos cuando escuchamos la palabra *trauma* es un accidente, una muerte inesperada o una violación, es decir, situaciones únicas de mucha intensidad emocional. Sin embargo, eso no significa que no haya eventos aparentemente inofensivos a ojos de los adultos que son traumáticos para los niños. Recordemos que la clave de que una situación sea traumática es que sea percibida como una experiencia imposible de afrontar con los recursos con los que contamos. Y teniendo en cuenta que, de niños —tal y como explicaba con anterioridad—, existen muchísimas experiencias que son retos para los que necesitamos más habilidades de las que tenemos, muchas experiencias son potencialmente traumáticas.

Además, aparte de las vivencias únicas que se convierten en traumáticas, como las que se exponen en el párrafo anterior, existe otro tipo de trauma relacionado con pequeños daños repetidos que, a pesar de que pueden pasar desapercibidos, tienen un alto impacto en las personas. Cualquier relación con nuestros padres en la que haya habido un patrón de violencia, con una o más de las formas explicadas en el capítulo 4, generará, de forma casi segura, un trauma. Y como la gran mayoría de las personas han sufrido esos tipos de violencia, la conclusión última a la que llegamos es que, desgraciadamente, somos una sociedad altamente traumatizada. Es normal que de pequeños nos sobrepase el hecho de que las personas que nos hacen daño sean aquellas con las que tenemos un vínculo continuo; de las que, además, dependen nuestra seguridad y estabilidad; de las que no podemos huir, contra las que no podemos luchar, debido a nuestra vulnerabilidad y dependencia.

> Existen incluso traumas perinatales, esto es, traumas debidos a experiencias que se produjeron ante algún evento abrumador a lo largo del embarazo, el parto o en la infancia temprana, y que produjeron una intensa emoción que nuestra memoria es incapaz de procesar o integrar en ese momento. Algunos ejemplos son la muerte de un familiar de la madre durante el embarazo, un parto con sufrimiento fetal, la hospitalización en la unidad de neonatos...

En los años noventa surge la expresión *trauma complejo,* que se refiere a la exposición a situaciones traumáticas de forma continua, aunque el *Manual diagnóstico y estadístico de los trastornos mentales (DSMV)* no lo recoge aún, pues supondría la resignificación de lo que es la enfermedad mental.

Hablar de trauma y trauma complejo nos ayuda a dar una respuesta más personalizada y ajustada a las necesidades de cada persona, incluidas las nuestras como padres. Añadir la perspectiva del trauma supondría un avance y nos ayudaría como sociedad, poner sobre la mesa la importancia y la gravedad de la cantidad de situaciones estresantes y violentas que los niños viven (y que nosotros vivimos como niños), y sus consecuencias. Algunos diagnósticos infantiles, tales como el trastorno negativista desafiante, la ansiedad, la depresión infantil, el trastorno bipolar o los trastornos de la alimentación, podrían entenderse de una manera diferente, mucho más ajustada a la realidad de cada niño, considerándolas no tanto enfermedades como —al menos en parte— respuestas a situaciones traumáticas y valiosísimos mecanismos de defensa y adaptación. Desde esta perspectiva, podríamos ofrecer ayuda a quienes los padecen de forma precisa y eficiente. De la misma manera, podríamos empezar a entender nuestras dificultades en la crianza, e incluso la violencia ejercida desde una perspectiva que se aleje de etiquetas o diagnósticos, y que se centre en ayudarnos a comprendernos mejor, a profundizar y reparar el daño que recibimos en nuestra infancia.

El trauma descontextualizado en una persona puede parecerse a la personalidad; el trauma descontextualizado en una familia puede parecerse a los rasgos familiares; el trauma descontextualizado en las personas puede parecer una cultura, y si no examinas y si no interrogas ese trauma, se convierte en estándar, se convierte en «quiénes somos».

RESMAA MENAKEM

Recordemos que un trauma no es la situación que se vive, sino la huella que deja en el cuerpo. Lo que es traumático para un niño no tiene por qué serlo para un adulto, porque los recursos que tenemos son diferentes, empezando por la autonomía que disfrutamos como adultos, el desarrollo de nuestro cerebro, la capacidad de comprensión, de búsqueda de herramientas... Lo que para un niño puede ser una situación que lo sobrepasa, para un adulto puede no tener ninguna importancia.

Tal y como decía anteriormente, el funcionamiento general de nuestra sociedad y nuestra comprensión y acercamiento a la infancia reflejan que somos una sociedad traumatizada que no sabe que lo está. Es justo por este motivo por lo que, acerca de niños, educación y crianza, las opiniones de cualquiera no valen. El «a mí me pegaron y no salí tan mal» o «a cualquier cosa lo llaman ahora maltrato» no son más que discursos de una sociedad traumatizada que no ha podido integrar el dolor que sufrió en la infancia y que transmite ese dolor a través de la educación. Y pese a que, aunque a nivel individual, la resistencia a sentir ese dolor y atravesar nuestros mecanismos de defensa es un proceso duro, es urgente y necesario si queremos cuidar y atender a nuestros hijos como se merecen.

Por tanto, estamos frente a un dilema: seguir promoviendo un trato que nos proteja de nuestro dolor y nos aleje de la posibilidad de integrar nuestro propio trauma, o prevenirlo en las nuevas generaciones a través de la promoción de la salud física, emocional y psicológica de nuestros hijos. Si no vemos la situación que está generando malestar en niños y niñas, corremos el riesgo de repetir justo lo que los dañó. Cada vez que lo hagamos, estaremos perdiendo una oportunidad para ayudarlos.

──○ **Lourdes había sido una niña complaciente** desde muy pequeña. Había aprendido a portarse «bien» y a cumplir con lo que se esperaba de ella sin chistar. A los ocho años le diagnosticaron un cáncer que recuerda pasar sin miedo, siempre sonriendo y con fuerzas. Recuerda también cómo las familias llevaban a otros niños con cáncer a hablar con ella para que la tomaran de ejemplo. Todos los adultos aplaudían su valentía, su buen humor y su fortaleza. A los treinta años tuvo una hija y antes de cada revisión médica a la que tenía que llevarla tenía ataques de ansiedad y pensamientos intrusivos sobre la muerte de su hija. Pensaba incluso si no sería mejor matarla ella antes de que pudiera morir sufriendo por otro motivo. Estos pensamientos la aterrorizaban y la hacían sentir la peor madre del mundo. Esta fue la forma que el cuerpo de Lourdes tuvo de recordarle el miedo que sintió cuando tuvo cáncer, del cual, en su momento, no pudo ser consciente.

——o **Miriam acude a terapia** porque la relación con su madre se deterioró sin razón aparente. Ella describe cómo en el mismo momento en que su madre fue a visitarla al hospital tras el nacimiento de su hijo comenzó a sentir odio al verla. Sentía un rechazo enorme cuando su madre se acercaba al bebé, y se lo impedía de una forma muy tajante y brusca. Miriam tenía idealizada a su madre, pero, en realidad, había sufrido humillaciones y manipulaciones durante toda su vida. La ira que no pudo expresar de niña surgió de pronto para proteger a su hijo de la posibilidad de que le hiciera lo mismo.

Además, cada vez que ignoramos el dolor de los niños, cada vez que etiquetamos su comportamiento y obviamos las experiencias estresantes y traumáticas que están viviendo, o su vivencia misma, estamos exponiéndonos a nosotros mismos a esta narrativa. Para muchos adultos, actuar así es una forma de perpetuar y cronificar el daño que sufrieron de pequeños, como si comportarse así con sus hijos confirmara que la manera en que se comportaron con él fuera correcta, alejándose de la posibilidad de conocerse, encontrar un mayor equilibrio y conocer de verdad a sus hijos.

ENTONCES, ¿CÓMO PUEDO SABER LO QUE ME PASÓ?

Lo que ocurre en situaciones traumáticas es que nuestra memoria se fragmenta para protegernos. Si organizamos nuestra memoria de forma que nos protege de lo que nos ocurrió es porque sentimos que es algo a lo que no podemos acercarnos solos. Aproximarnos a nuestra realidad, no solo a lo que nos pasó (que también puede ser), sino a cómo lo vivimos nosotros, seguramente no será una tarea fácil o que podamos hacer solos.

Quizá este libro esté dejando en evidencia algunas de tus incoherencias internas de forma más o menos consciente, y sientas una serie de movimientos profundos según avanzas en su lectura. Puede que esté removiendo algún recuerdo del que no eras consciente o que aprender determinados conceptos te conecte con tu pasado de una manera diferente. Puede que estés reviviendo alguna experiencia y tu cuerpo reaccione. Si ese es el caso, ahí tienes una fuente de conocimiento sobre ti mismo a la que seguramente sea necesario acceder con ayuda profesional. Ese fragmento —esa palabra o ese caso— te está hablando de cómo fue algo de tu historia para ti. El cerebro funciona como una red con diferentes ramas que analizan información de forma paralela. A veces, la que se procesa en una de estas ramas no es coherente con la que se procesa en otras. El cerebro transforma la información sensorial que le llega de dentro del cuerpo y del exterior en información que se organiza para predecir la necesidad de protegernos en el futuro: el cerebro no se encarga de recordar de forma precisa lo que ocurrió en el pasado, sino de lo que es mejor para protegernos en el futuro.

Generalmente, para acercarnos a lo que nos ocurrió y a cómo lo vivimos, necesitamos de otro que nos ayude a conocer lo que nos dicen nuestros diferentes sistemas de memoria, algunos de ellos no verbales y no conscientes. Así podremos acomodar pieza por pieza hasta poder recuperar el rompecabezas de lo que vivimos. En ese proceso, podemos encontrarnos con información sobre nuestros sentimientos, nuestras acciones o las de los demás que es contradictoria, que se omitió o distorsionó, que es falsa o, incluso, delirante.

Este es el trabajo de los psicoterapeutas: comprender las discrepancias del discurso que tiene cada persona, de su manera de actuar, de reaccionar, de tratarse y de tratar a los demás, para acercarnos, junto con la persona que acude a terapia, a la experiencia real que tuvo en el pasado, desde la que sigue interpretando e interactuando con su realidad actual, comprenderla y poder diferenciarla del presente, en el que hacen falta herramientas nuevas. Es decir, nos encargamos de escuchar lo que cada sistema de memoria recuerda en fragmentos y ayudamos a aunarlo para que tenga sentido y deje de limitarnos en el presente. En el caso que nos ocupa, de lo que nos limita en la relación con nuestros hijos.

RESUMEN

- *Lo que recordamos de nuestra infancia puede corresponder a uno de nuestros sistemas de memoria, ignorando el resto.*

- *La memoria se organiza para que podamos tolerar la realidad que hemos vivido y nuestra experiencia interna.*

- *Que tengamos muchas experiencias y recuerdos sin integrar de nuestra historia significa que somos personas traumatizadas.*

- *Lo que no hayamos integrado aparecerá en forma de diversos síntomas, reacciones, emociones o conductas en la crianza de nuestros hijos, dificultando la conexión con ellos.*

- *Lo que es adecuado para los niños no puede ser una opinión subjetiva, ya que muchas personas opinan desde su propio trauma para tolerar la realidad que vivieron sin conectar con su dolor.*

Ejercicios

Yo como adulto

Ya sabemos que, dependiendo de cómo nos trataron y ayudaron a regular lo que nos ocurría de pequeños, habremos llegado a la edad adulta con una serie de herramientas.

Por eso, vamos a revisar en qué medida y de qué manera tuvo un impacto en nosotros la forma en que nos trataron, para comprobar cómo nos tratamos a nosotros mismos, quizá sin plantearnos siquiera si es la mejor forma de cuidarnos o no en la actualidad. ¿Interiorizamos una forma de tratarnos similar a la que conocimos de pequeños? La manera en la que nos hablamos a nosotros mismos, ¿es la manera en que nos hablaban? ¿Somos capaces de comprender lo que nos pasa? ¿Podemos conectar con nosotros mismos antes de reaccionar? ¿Nos permitimos buscar ayuda? ¿Agredimos a los demás para desahogarnos? ¿Nos hacemos daño para tranquilizarnos? Veamos...

Como ya hicimos en el apartado «Yo como hijo», a la hora de responder las siguientes preguntas puedes indagar en los siguientes aspectos: 1) cómo te sientes en cada una de las situaciones; 2) qué haces en ellas; 3) qué dices; y 4) qué piensas cuando suceden o están sucediendo.

- ¿Qué pasa cuando te lastimas? ¿Puedes recordar y describir una situación concreta que haya ocurrido hace poco?
- ¿Qué sucede cuando tienes miedo? ¿Puedes recordar y describir una situación concreta que te haya ocurrido hace poco?

- ¿Qué haces cuando tienes ganas de llorar? ¿Puedes recordar y describir una situación concreta que te haya ocurrido hace poco?
- ¿Qué ocurre cuando te enojas? ¿Puedes recordar y describir una situación concreta que te haya ocurrido hace poco?
- ¿Qué sucede cuando logras algo? ¿Puedes recordar y describir una situación concreta que te haya ocurrido hace poco?
- ¿Cómo son para ti las despedidas? ¿Puedes recordar y describir una situación concreta que te haya ocurrido hace poco?
- ¿Cómo muestras cariño a ti y a los demás? ¿Puedes recordar y describir una situación concreta que haya ocurrido hace poco?
- ¿Cómo manejas los problemas? ¿Puedes recordar y describir una situación concreta que te haya ocurrido hace poco?
- ¿Encuentras alguna relación entre lo que escribiste en el apartado sobre tu infancia y este? ¿Hay algo que hayas aprendido en tus experiencias de la infancia que reproduzcas ahora en tu forma de actuar contigo mismo?

Qué etiquetas me pongo

Ya vimos que es muy difícil desprenderse de las etiquetas. Se ponen con mucha facilidad y se pegan con mucha fuerza, y es muy común que acabemos creyendo que nos definen, al menos en parte.

- Si en este momento te pidiera que te definieras, ¿cómo lo harías?
- ¿Cuáles consideras que son tus virtudes? ¿Y tus defectos?

A veces, al responder a estas preguntas, surgen muchas de las etiquetas que nos han puesto a lo largo de nuestra vida. ¿Coinciden con las que te ponían tus padres en el apartado anterior? Recuerda que tanto las etiquetas aparentemente buenas como las supuestamente malas pueden representar un lastre. Por eso haremos un pequeño ejercicio para devolver esas etiquetas a su lugar de origen y tratar de ver un poco más allá.

- ¿Sigues utilizando las mismas etiquetas que utilizaban contigo? Repasa las que escribiste en el ejercicio «Las etiquetas que me pusieron» y en este, y dedica un tiempo para describir lo que hay detrás de cada una, lo que significa, cómo te limita, lo que sientes llevándola encima. Una vez que sepas lo que hay detrás, ¿pondrías las mismas etiquetas a un buen amigo? ¿Cómo crees que se sentiría alguien si lo llamaras «el bueno», «el pesado», «el intenso», «el perfeccionista»?

En ocasiones, las etiquetas con las que nos definimos en el presente son justo las contrarias a las que nos pusieron de pequeños. Es normal que a quien tildaron de «vago» ahora sea extremadamente trabajador: fue tal el intento de huir de esa etiqueta desagradable que acabó rechazando la parte *vaga* —aunque, en realidad, lo que quería era *jugar*—, y se convirtió en alguien muy responsable, incapaz de parar y disfrutar del descanso y del ocio.

Toma conciencia a partir de ahora de cuándo te pones esas etiquetas y cambia tu diálogo interior: «Yo no soy así, es la forma en que me enseñaron a dar sentido a lo que me pasa. Esa etiqueta no es mi identidad y por eso puedo aprender a dejar de utilizarla para definirme».

Qué rechazo de mí

Cada vez se habla más de amor propio, de abrazar lo que no nos gusta de nosotros, de lo importante de aceptarnos tal y como somos. Para eso, debemos saber qué es lo que rechazamos de nosotros mismos, lo que no nos gusta, lo que criticamos, lo que escondemos, lo que tratamos todo el tiempo de cambiar, lo que dañamos, por lo que nos insultamos o lo que reprimimos. Tras las etiquetas que recibimos podemos encontrar mucho de lo que seguramente rechacemos de nosotros. Si me dijeron que soy lista, quizá siempre niegue aquella parte de mí que tiene dificultades para entender. Si me llamaron vaga, quizá no quiera escuchar a la parte de mí que necesitaba ayuda para organizarse, o que estaba cansada de responsabilidades y necesitaba jugar. Si me llamaron gorda como si fuera un insulto, puede que rechace mi cuerpo y su manera de funcionar o, en caso de que las haya, las dificultades que afectan mi relación con la comida.

Detente un momento y responde: ¿qué rechazas de ti?

	Lo aceptan	Lo rechazan
Mi tristeza		
Mi alegría		
Mi ira	☐	☐
Mi miedo		
Mis emociones en la relación con otras personas	☐	☐
Mi forma de comportarme	☐	☐

→

Mi forma de pensar	☐	☐
Mi físico	☐	☐
Mis gustos	☐	☐
Mis logros	☐	☐
Mi edad	☐	☐
Mi sexualidad	☐	☐
Mi necesidad de contacto con otras personas	☐	☐

- ¿Qué tipo de violencia utilizas contigo mismo para intentar esconder aquello que rechazas o acabar con ello? ¿Te castigas? ¿Te insultas? ¿Te invalidas? ¿Te lastimas?
- ¿Dónde crees que aprendiste a tratarte así?
- Desde la perspectiva de un adulto, y tras leer las páginas anteriores, ¿crees que eso que rechazas es algo verdaderamente malo?

> Rechazar en mí aquello que las personas a las que necesitaba rechazaban es una forma de adaptación valiosa. No tengo nada malo. Ahora puedo aprender a aceptarlo.

Secuelas

Es posible que al hacer los ejercicios hayas encontrado algunas preguntas difíciles de responder. Ya vimos que la forma en que se organizó nuestra memoria no nos permite aún relacionar lo que nos ocurre ahora con lo que nos pasó. Es como si existiera un muro que nos impidiera ver el paisaje por completo y, por mucho que pensáramos, no lográramos llegar a ninguna conclusión que nos parezca interesante o útil. A veces, la manera de saber que algo nos ocurrió, que tuvimos una infancia que no se ajustó a nuestras necesidades, es revisar algunos síntomas que podemos estar mostrando en el presente y que nos dan pistas sobre nuestro pasado:

- Baja autoestima.
- Dependencia emocional.
- Miedo al abandono.
- Deseo de complacer a los demás, dejando de lado los propios intereses.
- Necesidad de validación externa.
- Sensación de vergüenza de ser quien se es.
- Evitación de las emociones desagradables.
- Dificultad para transitar y salir de emociones desagradables.
- Evitación del problema.
- Búsqueda del problema.
- Dificultad para decir «no».
- Intolerancia hacia los comportamientos abusivos de los demás.
- Incapacidad para reconocer los comportamientos abusivos de los demás.
- Miedo al futuro.
- Desconfianza en el mundo y en los demás.
- Miedos irracionales.

- Incapacidad de regular las emociones.
- Somatizaciones.
- Comportamientos impulsivos.
- Adicciones.
- Rumiación.
- Compulsiones.
- Pesadillas, insomnio, *flashbacks*.
- Diagnósticos psiquiátricos.

Si te identificas con alguno de los puntos anteriores, recuerda que esos síntomas pueden acercarte a entender cuál fue la forma en que tuviste que adaptarte a un entorno complicado en tu infancia. Lo que ahora te hace sufrir tal vez no sea más que un reflejo de cuál fue tu forma de sobrevivir en el lugar en el que creciste. ¿Crees que naciste así? *Spoiler:* nadie nace con ninguno de los síntomas descritos anteriormente. ¿Alguna vez alguien te dijo que nada de eso es culpa tuya? ¿O que puedes cambiar esa forma de funcionar y aprender otra que te haga sufrir menos?

Una vez respondidas estas preguntas, prosigamos con el siguiente ejercicio. Una de las dificultades más comunes en los adultos es la relacionada con regular las emociones, ya sea por la falta de conciencia de lo que nos está pasando, ya sea porque lo neguemos, lo reprimamos o nos sintamos desbordados y tengamos una reacción inmediata. Este breve ejercicio nos ayudará a aprender a conectar y sostener lo que nos ocurre.

- Busca un lugar cómodo y tranquilo donde sentarte y que te proporcione apoyo a lo largo de todo el ejercicio. Sitúa los pies en el suelo. Puedes cerrar los ojos o mantenerlos abiertos, reposando la mirada en un lugar que te permita estar atento a ti mismo.
- Sé consciente de tu respiración, de cómo está en este momento sin intención de cambiarla. Percibe su ritmo,

su recorrido, y la pequeña pausa que sucede entre la inhalación y la exhalación.

- Céntrate en su recorrido y busca una zona en la que haya tensión o agarrotamiento. Nota la tensión y cómo la sientes. Cómo la rigidez en una zona concreta afecta a las zonas más cercanas y poco a poco al resto del cuerpo.

- Inhala profundamente y con una exhalación suave y lenta trata de soltar la tensión en la zona en que la hayas encontrado. Nota con cada exhalación el cambio que se produce en tu cuerpo. Tienes la capacidad de reconocer las tensiones de tu cuerpo y también de soltarlas, o, al menos, de aliviar un poco algunas.

- A veces, cuando liberamos tensión, sentimos alivio; otras, al soltarla, surgen sentimientos que nos resultan difíciles de sostener. Si es así, simplemente reconoce esta realidad e identifica la necesidad de atenderlos en un espacio seguro.

- Si quieres, puedes volver a tensar esa zona de tu cuerpo para notar una vez más el cambio. Suelta una vez más.

- Es normal que en tu mente comiencen a aparecer pensamientos. Simplemente, toma nota de que están ahí, déjalos pasar y vuelve a conectar con tu respiración.

- Date un tiempo para repasar todas las zonas de tensión que encuentres en tu cuerpo y atenderlas de la misma manera. Tómate el tiempo que necesites para darte cuenta de la diferencia entre estar tenso y estar en tensión, notarla, atenderla y buscar una forma tranquila de liberarla en la medida en que puedas.

- Tienes la capacidad de regular tu cuerpo. Es importante darte espacio para reconocer esa aptitud.

- Cuando termines, abre los ojos despacio, toma conciencia del lugar en el que estás, y del ritmo y de la ma-

nera en que quieres relacionarte con ese entorno ahora
que liberaste la tensión de tu cuerpo.

Puedes parar y observar tu cuerpo para ser consciente de la
tensión que se acumula en cualquier momento del día. Será más
fácil hacerlo en momentos en los que no esté pasando aparentemente nada amenazante o conflictivo. Cualquier momento es bueno para practicar esta destreza.

7

LO QUE NUESTROS HIJOS NECESITAN REALMENTE DE NOSOTROS

A estas alturas, quizá ya seamos capaces de reconocer la forma en que tratamos a nuestros hijos —este es el auténtico reto de la maternidad o de la paternidad—. Puede que también estemos comenzando el proceso de acercarnos a nuestra propia experiencia infantil. Soy plenamente consciente de que para ello puede hacer falta mucho más que un libro, pero intentaré hablar de hacia dónde movernos desde donde estamos para construir una relación más cercana a lo que necesitan nuestros hijos. Esto es, voy a hablar de la teoría, del ideal, de lo que necesitan los niños de sus padres y de la sociedad.

Por supuesto, no podemos olvidarnos de que, partamos desde donde partamos, ya tenemos algunos recursos que es fundamental tener en cuenta para utilizar a nuestro favor en la labor de acercarnos a ser como necesitan nuestros hijos. Igualmente importante es que este proceso se produzca a nuestro ritmo, en función de nuestra situación individual, del apoyo con el que contemos, y del tiempo y de la energía que podamos dedicar a aquellos aspectos que se interpongan en que nuestra relación con ellos sea un lugar seguro.

Como padres, solemos querer información y pautas concretas, pero si deseamos un cambio que nos sirva a largo plazo, vamos a tener que bucear en nuestra realidad, en la de nuestros hijos y en la de nuestra relación con ellos, despedirnos del deseo de encontrar un manual de instrucciones y, así, poder ejercer nuestra labor y acompañarlos.

Sin duda, este es el mejor camino.

Y aunque no es posible dar fórmulas mágicas, intentaré ofrecer lo más parecido que conozco a eso. Son cuatro palabras que nos ayudan a ajustar nuestra brújula interna y a orientarla hacia donde nuestros hijos necesitan: *sensibilidad, responsividad, ruptura* y *reparación*.

Vamos con ellas.

SENSIBILIDAD

La sensibilidad es la capacidad que tenemos los adultos de conectar con las necesidades de los niños, de notar cambios en su estado interno o de interpretar las manifestaciones externas de lo que les pasa. Es decir, nuestra capacidad de empatizar con ellos, de conectar con lo que les sucede por dentro. Los niños necesitan adultos que tengan en cuenta su mente, que hagan el ejercicio de ponerse en sus zapatos, incluso aunque a veces no logren descifrar con exactitud lo que les ocurre.

Si un bebé llora porque tiene hambre necesita que su mamá se percate, que le dé importancia y que trate de averiguar qué tipo de llanto es. Si, en este caso, la madre considera que es imposible que su bebé tenga hambre porque comió hace un rato —y, por tanto, cree que el llanto no está justificado—, tendríamos un ejemplo de fallo en la sensibilidad. Lo mismo ocurre si el llanto es porque el bebé necesita cercanía y su madre no lo carga porque cree que la está manipulando. ¡Pero un bebé no puede manipular! Solo expresar sus sentimientos y necesidades empleando la comunicación que conoce.

> "
>
> **Los bebés necesitan cuidados similares a los que recibían dentro del útero durante dieciocho meses después de su nacimiento. Esto explica la gran cantidad de tiempo que necesitan mucho contacto y el motivo por el que lloran cuando no están en brazos o no nos oyen, sienten ni ven.**
>
> "

Vivimos inmersos en una sociedad en la que hay creencias ampliamente extendidas sobre los niños que no favorecen que podamos aprender a acercarnos a ellos e interpretar lo que les ocurre de forma diferente. Todas esas creencias necesitan ser descartadas para poder comenzar a comprender el mundo interno de las criaturas y acompañarlas dentro de él. De lo contrario, estaremos siendo negligentes con sus emociones. Sin empatía, es imposible que haya un buen trato.

Ser sensibles con nuestros hijos es importante, pues gran parte de los problemas en la relación entre padres e hijos surge de la dificultad de los progenitores para interpretar adecuadamente lo que les ocurre a sus hijos y las emociones que surgen en ellos mismos, fruto de dichas interpretaciones. No es casualidad que la dificultad de empatizar con los niños venga acompañada de una falta de sensibilidad con nosotros como adultos, y tampoco es casual que mejorar la sensibilidad con uno mismo y con la propia infancia mejore automáticamente la sensibilidad con los niños.

PIENSA BIEN Y ENTENDERÁS

Para desarrollar una mayor empatía con nuestros hijos es imprescindible que practiquemos las **hipótesis benevolentes.** Se trata de hacer el ejercicio de pensar el mejor de los escenarios que se nos ocurra para explicar el comportamiento de alguien. En el caso que nos ocupa, el de nuestros hijos.

Las hipótesis benevolentes son necesarias incluso cuando los niños hacen algo que socialmente se considera inadecuado. Lo importante es que podamos conectar con eso que lo motivaron a actuar de esa forma; que incluso si nuestro hijo nos está mintiendo, gritando o comportándose de forma dañina para él mismo, podamos entenderlo y transmitirle que no es un niño malo, que cada cosa que hace tiene un porqué y una función importante para él.

Que quizá está mintiendo por miedo a que lo regañemos y, por tanto, la mentira tiene una función protectora; que si nos está gritando puede que sea la única forma en que, hasta el momento, haya conseguido que lo escuchemos o la única manera que tiene a su edad de conseguir que su sistema nervioso vuelva a estar en equilibrio.

—○ **David acude a terapia** porque está perdiendo la paciencia con Álex, su hijo de siete años. Una de las discusiones diarias es la ropa para ir a la escuela cada mañana. Cada día, Álex dice que no quiere vestirse y su padre le acaba gritando o forzándolo a vestirse mientras el niño llora. Álex quiere elegir su ropa, pero a David no le gusta la ropa que Álex escoge y no se lo permite. David no puede entender por qué le cuesta tanto vestirse si «ya tiene siete años y no es más que ropa». Sin embargo, para Álex no era solo ropa, era la forma de sentir que tenía más autonomía, de expresar sus gustos y de que quería formar parte de su grupo de amigos (en el que le estaba costando encajar últimamente), los cuales elegían su ropa.

Tras cada comportamiento hay una historia y un contexto. Si podemos comprender los comportamientos como una manera de expresar una historia concreta dentro de un contexto particular, nos resultará muchísimo más sencillo acercarnos a una interpretación benevolente. Desde esta perspectiva, los comportamientos son mucho más que algo que catalogar como bueno o malo; atendiendo a lo que está debajo de ellos, podremos empezar a cambiarlos, en caso de que sea necesario, sin utilizar castigos, premios o amenazas.

Este punto suele ser bastante confuso para los padres. Separar el comportamiento de su función, entender que debajo de lo que los niños hacen, dicen e incluso de algunos de sus síntomas físicos existe todo un mundo de emociones, sensaciones y necesidades, suele aportar una visión nueva y muy diferente a la que nos habían explicado, y también abre un mundo nuevo de posibilidades de conexión, aceptación y aprendizaje.

¿Qué es la sensibilidad?	¿Qué no es la sensibilidad?
Escuchar sin juicio.	Quitar importancia a los actos.
Entender.	Justificar los comportamientos por entender su función.
Dar valor a la función.	Animar a repetir un comportamiento que no es adecuado.

Los niños no nacen con la capacidad de nombrar lo que les pasa ni lo que necesitan, así que lo hacen como pueden. Es nuestra responsabilidad ponerles nombre a sus sentimientos y aceptarlos para que ellos puedan ir poco a poco conociendo mejor lo que significan y buscar formas más sofisticadas de comunicarse, pedir ayuda o hacerse cargo de lo que puedan a medida que van creciendo. Si les pedimos a niños que casi no saben hablar que no lloren, nos vamos a frustrar; si comprendemos que no tienen otra forma de comunicarse, que se están sintiendo mal y que nos necesitan para regularse, será más fácil actuar de la forma que necesitan.

——o **En el caso de Álex,** él no sabía explicar muy bien por qué quería elegir su ropa, pero sabía que quería hacerlo, y se sentía muy violentado cada mañana cuando su padre no se lo permitía. Sin embargo, en vez de escuchar una voz que le dijera algo como «Me cuesta entender por qué, pero escoger tu ropa es importante para ti», lo que oía era «Qué pesado y caprichoso eres», etiquetas con las que, por supuesto, había empezado a identificarse en otros lugares y relaciones.

Poner etiquetas, insultar, humillar, culpabilizar o hacer *gaslighting* son algunas de las maneras de actuar que demuestran falta de sensibilidad y poca capacidad de sentir empatía por nuestros hijos. Con ninguna de esas actuaciones estamos haciendo uso de hipótesis benevolentes, ni los ayudamos a gestionar de forma adecuada su mundo interior. Nuestras experiencias pasadas tienen mucho que ver en esto. Es difícil creer que cuando mi hijo me pega lo hace porque siente un malestar que no sabe cómo expresar, y más cuando a mí siempre me castigaron por ello y me dijeron que pegar es malo o que yo soy malo. Pero, por supuesto, responderé de manera muy diferente si comprendo que lo que necesita mi hijo es que yo vea ese malestar y lo ayude a encontrar una vía diferente para expresarlo, ya que, si lo castigo o lo culpo, añadiré más malestar al que traía inicialmente.

Necesitamos mejorar nuestra capacidad de sintonizar con nuestros hijos y con nosotros mismos, acercarnos a la práctica de las hipótesis benevolentes y comenzar a construir una base para que todo lo demás vaya mejorando. Gracias a nuestra sensibilidad, a nuestra capacidad de empatizar, podremos ocuparnos de nosotros mismos al tiempo que atendemos a nuestros hijos de la forma más ajustada posible. Existe una gran dificultad en esta área, según he podido comprobar tras algunos años de profesión, pero si conseguimos mejorar este paso (que es el primero), mejorará todo lo que viene después.

"

EL CASO DE ÁLEX

Aspectos a tener en cuenta para la sensibilidad:

- Lo que Álex quiere decir: «Quiero expresarme, percibirme como dueño de mis cosas y no sentirme diferente a mis amigos, con quienes no lo estoy pasando bien».
- Gestos y actitudes a través de los cuales se expresa: se viste lentamente, llora, se resiste a que su padre lo vista.
- En qué nos fijamos de lo que expresa. ¿Lo vemos todo? El padre de Álex se centraba sobre todo en la resistencia a obedecerlo. El llanto y la cara de derrota final pasaban desapercibidos o eran minimizados.
- Las resistencias de David: para su padre, lo importante era que el niño obedeciera y fuera «como Dios manda» a la escuela.
- Lo que interpretaba David: «Este niño es un caprichoso».
- Lo que concluye: «Mi hijo es un caprichoso, un llorón, y tengo que conseguir que no lo sea».
- La capacidad de reflexión: David estuvo abierto a hablarlo en terapia y a escuchar. Previamente, no quería hacer ninguna reflexión, únicamente conseguir que el niño se vistiera.

La alternativa fue aplicar la hipótesis benevolente: «Si cada día llora y se resiste, debe de ser que la ropa es importante para él. Es normal enojarse cuando alguien te fuerza a hacer algo que no quieres».

"

RESPONSIVIDAD

Es el siguiente paso. Una vez que interpretamos o tratamos de **comprender de forma benevolente,** es decir, nos sumergimos por debajo del comportamiento y entendemos que este no es más que una forma de comunicación, es el momento de responder. Denominamos *responsividad* a la capacidad de responder y atender de forma ajustada a los estados internos de los niños. No es necesario responder de forma siempre correcta, aunque para que una relación sea segura, para que los niños confíen en que son valiosos y que sus necesidades son importantes, debería ser la norma.

Cuando de forma habitual respondemos a lo que necesitan, nos convertimos en figuras predecibles, les aportamos seguridad tanto a la hora de anticipar nuestra respuesta como al saber que seremos fuente de apoyo. Cuanto más pequeños, más necesario es que seamos responsivos. Siguiendo con el ejemplo del bebé, cuando tiene hambre y se le ofrece alimento hasta que se sacia, generalmente deja de llorar. Si el llanto se interpreta como sueño y se le acuna, el bebé seguirá llorando, comunicando así que su necesidad sigue sin satisfacerse. Una mamá conectada con el bebé se dará cuenta de que no presionó con el botón correcto y buscará una nueva posible interpretación al llanto hasta responder a la necesidad del bebé.

Veamos ahora otro ejemplo un poco más complejo. Una niña de dos años dice prácticamente a todo que no y se ríe después. Si interpretamos que nos está desafiando, que no nos respeta o la etiquetamos como desobediente, no vamos a conectar con su necesidad de exploración, de individualización y de fortalecer su yo, tan importante en esa edad, y responderemos de una forma que no favorezca su desarrollo: ignorándola, castigándola, con malas caras, golpes o alguna otra forma de violencia.

Podría ocurrir también que, pese a comprender su necesidad de individualización y hacer una interpretación correcta en cuanto a lo normal y saludable que es para su edad este comportamiento, sintamos que hay algo dentro de nosotros que no es capaz de tolerarlo y corramos a corregirlo. Pensamos: «Yo sé que no está mal lo que hace, pero no puedo evitar sobresaltarme». A veces, somos sensibles a lo que les ocurre a nuestros hijos y, debido a nuestros propios estados internos, nuestro pasado y nuestras experiencias previas, quizá no podamos responder como ellos necesitan. Parte de nuestra memoria se presenta en nuestras reacciones, al actuar de formas que no nos gustaría.

Tener padres sensibles y responsivos durante los primeros años es importante. Es a través de la relación con ellos como construimos la base de nuestra autoestima, de nuestra confianza en los demás y el tipo de relaciones que estableceremos en el futuro. Hoy, ya no hay ninguna duda de que eso es así. También es a través de nuestros padres como aprenderemos a nombrar lo que nos ocurre, a darle una narrativa de «bueno» o «malo», a juzgarlo o a comprenderlo, y a encontrar una forma de gestionarlo. Ser sensible y responsivo es la mejor forma de enseñar a los niños la riqueza de su mundo interior y lo maravilloso de encontrar una forma de comunicarse, sea cual sea, aunque aparentemente parezca negativa.

> **SIGAMOS CON ÁLEX...**
>
> **Aspectos a tener en cuenta para la responsividad:**
>
> - Sensibilidad: atender a lo que Álex quería decir, a lo que hace, lo que dice, sus gestos, todo lo que expresa... David, ¿lo ve todo?, ¿cuáles son sus resistencias?, ¿qué interpreta?, ¿posee capacidad de reflexión?, ¿cuáles son sus conclusiones?
>
> →

- Sensibilidad con uno mismo: Reconocer la experiencia pasada que nos despierta: «Qué vergüenza me da que vaya con unas mallas de colores y un suéter de lentejuelas en vez de con pantalón de mezclilla y una playera».
- La existencia de diferentes perspectivas: lo que es importante para Álex no tiene por qué parecerle importante a David.
- La capacidad de escuchar, dar espacio, poner en palabras la hipótesis benevolente.
- La capacidad de plantear posibles respuestas:

1. Permitir que Álex elija su ropa.
2. Negociar un punto intermedio: dejarle elegir su ropa con ciertas limitaciones, dejando claro que los límites corresponden puramente al criterio de David.

- La disposición a reconocer y validar los sentimientos: David expresa a Álex que, a pesar de haberle dicho que la ropa es solo ropa, entiende que para el niño tiene muchísima importancia.
- La posibilidad de pedir perdón: David se excusa por los gritos, por haber forzado y etiquetado a Álex.
- La importancia de validar la ira y tener disponibilidad para la escucha.
- Abrir la puerta a la comunicación: David habla con Álex de su grupo de amigos. «¿Hay algo más que podamos hacer para que te sientas incluido, al margen de la ropa? ¿Hay más cosas en las que te gustaría elegir y no estás pudiendo?».

→

> El último paso para David es comprobar el impacto de sus respuestas: ¿cómo son ahora las mañanas en casa?, ¿cómo se siente Álex yendo a la escuela?, ¿y David?, ¿puede sostener la vergüenza o el juicio de los demás por la ropa que elige su hijo?, ¿siente satisfacción al atender sus necesidades, o solo miedo al juicio y frustración?, ¿se abrió un espacio nuevo para hablar de lo que le ocurre a Álex?, ¿será capaz su padre de sostener ese nivel de intimidad o carece de recursos?

RUPTURA Y REPARACIÓN

Todos los padres hacemos daño. Sí, esto también es parte de la teoría. Es imposible, incluso en el caso de unos padres comprometidos, informados, con infancias suficientemente buenas o con trabajo personal, no hacer daño. Estos fallos en la conexión se denominan *rupturas*. Existe una ruptura cuando no somos suficientemente sensibles o responsivos, o cuando hacemos daño, que dependiendo de su nivel de intensidad y frecuencia será de un tipo u otro. **No somos padres modelo, y la relación con nuestros hijos puede no ser perfecta, pero sí puede ser segura.**

Cuando la ruptura que se genera no es parte de la dinámica habitual de nuestra relación con ellos, y no se trata de un daño demasiado grande, puede incluso servir como un aprendizaje importante y una forma de fortalecer la relación. Si tras hacer daño pedimos perdón, explicamos lo que nos pasó y nos encargamos de repararlo, nuestros hijos verán padres que son personas imperfectas, honestas y con capacidad de asumir sus errores. Les estaremos mandando el mensaje de que los adultos tenemos algunas limitaciones y dificultades, pero que podemos reconocerlas y trabajar en ellas. Podremos hablar con ellos sobre cómo se sintieron con lo que hicimos y ponerlo en valor. En otras palabras, estaremos siendo modelos sobre cómo ser humanos y cómo relacionarse en el mundo real desde el respeto considerado como norma.

El problema grave surge cuando hacer daño —ya sea por acción o por omisión— es parte de nuestra forma de relacionarnos. Cuando gritar, amenazar o hacer *gaslighting* es lo que ocurre cada vez que nuestro hijo llora. O cuando ni siquiera nos planteamos lo que le ocurre a nuestro hijo y, queriéndolo o no, somos negligentes con alguna de sus necesidades recurrentemente. Solo siendo conscientes habrá posibilidad de reparación; solo si tratamos de encontrar otra forma de interpretar o responder a nuestros hijos, el perdón que les pidamos tendrá un verdadero significado y podremos empezar a construir una relación en la que puedan sentirse seguros.

> **"**
>
> Frecuentemente, me hacen esta pregunta: «Entonces, ¿si le pego una sola vez, le estoy haciendo año?». Toda la violencia hace daño y rompe la confianza, pero cada niño y cada relación son un mundo. Lo que puede tardar un niño en volver a confiar en nosotros si verdaderamente demostramos que somos confiables y lo que puede tardar otro es impredecible. El hecho de que esa agresión física sea traumática o no dependerá también de cómo se gestione después. No hay respuestas fijas, salvo ser sensible con tu hijo, demostrar confianza y respetar el tiempo que necesite, incluso si eso deja una semilla de desconfianza para siempre.
>
> **"**

○ **En el caso de Álex,** el hecho de no escuchar lo que le ocurría y que su padre se centrara en conseguir que se vistiera a base de gritos, forcejeos y etiquetas supuso una ruptura del vínculo. Sin embargo, fue un daño que se pudo reparar, del que David aprendió mucho y que fortaleció su relación gracias a su compromiso.

Reparar supone acabar con el daño y con el sentimiento de inseguridad que nuestra manera de actuar genera en nuestros hijos. Ayudar a nuestro hijo a reencontrar la seguridad. Se trata de cortar con el patrón violento, de desculpabilizarse de lo que no es responsabilidad nuestra y comprometernos con una nueva forma de relacionarnos que, aunque requiera trabajo, supondrá un beneficio enorme para nuestros hijos. **Los daños que se generan en las relaciones se reparan en las propias relaciones.** En muchas ocasiones, los padres buscamos pautas fijas que nos digan cómo arreglar aquello en lo que nos equivocamos y nos frustramos porque la confianza de nuestros hijos no se repara con pautas, sino con mucha conciencia, compromiso, escucha y tiempo demostrándoles que nuestra relación con ellos será verdaderamente diferente.

Es importante aclarar que hay daños irreparables y reparaciones imposibles. Cuanto más temprano y más intenso es el daño al que se ven sometidos los niños, más difícil será la reparación, ya que se pudieron producir daños irreversibles en procesos y zonas del cerebro importantísimos para nuestro bienestar emocional y nuestro equilibrio psicológico. Sin embargo, en muchísimos casos, la reparación sí es posible, y a favor de ello está la plasticidad cerebral de los niños, la resiliencia afectiva, la existencia de otras figuras importantes que ofrezcan otro tipo de relación, la detección rápida del daño y las acciones destinadas a compensarlo.

—◦ **David pidió perdón,** dejó de poner etiquetas y de gritar, se sentó con su hijo a hablar, llegó a un acuerdo con Álex en el que la visión del pequeño tuvo espacio y fue importante, reconoció internamente la falta de recursos que tenía para conectar y escuchar a su hijo, hizo terapia y cumplió con lo pactado, no solo en el tema de la ropa, sino en otros muchos asuntos en los que también había desencuentros.

Desde esta perspectiva, la psicoterapia se puede entender como un espacio de relación con otra persona capacitada para ser sensible y ayudarnos a ser más responsivos con nosotros mismos. Un lugar a través del cual reconocer y reparar los daños que vivimos en el pasado. El psicoterapeuta infantil, por su parte, fungirá de traductor de lo que le ocurre al niño y ayudará a elaborar un mapa afectivo, teniendo en cuenta la realidad de la familia y del entorno, y una hoja de ruta para trabajar lo que haga falta para que los progenitores seamos cada vez más responsivos con nuestros hijos, y podamos buscar apoyos, alternativas y formas de atender y reparar el daño que hayamos podido hacer.

RESUMEN

- *Las relaciones que tenemos con nuestras figuras de referencia harán, durante nuestra infancia, que nuestro sistema nervioso aprenda a regularse, a buscar el equilibrio, a no activarse ni desactivarse en exceso, a gestionar nuestras emociones, a relacionarnos con nosotros y con los demás; en definitiva, a cuidarnos.*

- *La relación con nuestras figuras de referencia determinará, en los primeros años de nuestra vida, la confianza que tengamos en nosotros mismos, en los demás y en el mundo.*

- *Lo importante no es si nos parece que el comportamiento de nuestros hijos es bueno o malo, sino de dónde surge ese comportamiento que juzgamos como bueno o malo.*

- *Nuestro objetivo a largo plazo como padres es que nuestros hijos sepan gestionar sus emociones, sus relaciones, que sepan qué les ocurre y lo sepan gestionar, que se valoren y que sean capaces de manejarse en el mundo. Para conseguirlo, nuestra forma de tratarlos es fundamental.*

8

ALGUNAS CREENCIAS ERRÓNEAS Y LA NEUROCIENCIA QUE HAY DETRÁS DE ELLAS

Ya vimos cómo muchos comportamientos y convicciones que hasta ahora eran normales, e incluso se aconsejaban —como por ejemplo la silla de pensar, ignorar el llanto, castigar sin salir de casa o premiar los resultados— se sostienen en creencias falsas que necesitamos desmontar para dar espacio a otras nuevas. A algunas personas quizá les parecerá que no supone un problema mayor, si hace años eran comportamientos habituales. Quizá es que antes había menos información y conciencia sobre las secuelas, o quizá es que son creencias que, a pesar del daño que provocan, encajaban bien en la sociedad y facilitaban su funcionamiento. Como sea, el número de diagnósticos, suicidios y problemas por salud mental desde edades muy tempranas nos sugiere que hoy en día esa postura ya no se puede defender. Estamos en un mundo en el que los cuidados de los hijos se tienen que externalizar desde antes de los seis meses para poder cubrir los gastos familiares; un mundo que creó la expresión *niños llave* (aquellos a los que desde muy corta edad se les confían las llaves de casa para que entren al regresar de la escuela, aunque no haya ningún adulto para supervisarlos y cuidarlos). Un lugar en el que los niños se ven expuestos en redes constantemente, en el que la soledad de las familias aumentó notablemente y el juicio está por todas partes. Es urgente que descartemos las falsas creencias del pasado. Por eso, trataré de explicar algunos de los motivos por los que las creencias generales que tenemos acerca de los niños, fruto de nuestra desconexión, nuestras circunstancias y nuestros propios traumas, no nos sirven de guía.

«LOS NIÑOS NO SE ENTERAN»

Cuando hablamos de niños, habitualmente olvidamos tener en cuenta el plano biológico de la infancia. Olvidamos que los seres humanos somos animales y que, como tales, estamos diseñados para buscar la forma de sobrevivir. Para ello, es tremendamente importante que, ya desde bebés, podamos percibir el clima emocional de nuestro entorno —inicialmente, el cuerpo de nuestros padres— y ver si es hostil o tranquilo, relajado o tenso, seguro o inseguro. Por eso, a veces los bebés lloran cuando los cargamos y no estamos tranquilos, o no se alimentan del pecho de su madre hasta que esta se va a una habitación, lejos de las visitas, donde verdaderamente está tranquila para hacerlo. Quizá sería más fácil generar un entorno tranquilo y seguro en nuestros cuerpos si la familia extensa (compañeros de trabajo o amigos) nos pudiera liberar de la expectativa de tener que atenderlos; tener en cuenta que nuestra vida cambió profundamente con la llegada de un hijo y simplemente preguntar cómo nos pueden ayudar, aunque eso signifique decirles que necesitamos estar solos o que no carguen a nuestro bebé.

Evidentemente, aunque nuestro entorno nos cuide y nos tenga en cuenta, no es esperable no estar tensos nunca. Con un hijo y la revolución que supone —sea el primero o el cuarto—, eso es una utopía. Simplemente, creo que es importante dar relevancia al hecho de que tener padres que estén alterados, tensos, desbordados o, por el contrario, tranquilos y felices, es algo que los seres humanos percibimos desde bebés. A partir de los tres años, aproximadamente, podemos empezar a generar recuerdos tal y como los entendemos los adultos o a expresar con el lenguaje lo que pensamos o sentimos, pero eso no significa que hasta los tres años no nos enteremos de nada o no seamos capaces de recordar. Tal y como expliqué anteriormente, toda experiencia que tengamos, incluido lo vivido dentro del útero y durante el parto, es percibido en nuestro cuerpo y queda grabado en él, como una memoria corporal que nos acompañará el resto de nuestra vida. Qué importante sería que esto se tuviera en cuenta en los entornos laborales, en las visitas al médico y en las salas de parto, que podrían fácilmente convertirse en un factor de protección para la mujer embarazada y el bebé, y que desgraciadamente, de manera sencilla, pueden convertirse en estresores que marquen el inicio de su vida.

El problema es que en los primeros años no podemos expresar con palabras esa *huella corporal,* de forma que necesitamos de los adultos para tenerla en cuenta, darle la importancia que tiene y ayudarnos con ella. Esto tiene unas implicaciones muy importantes ya que, si los niños se enteran de cosas y estas les afectan incluso desde antes de nacer, es imprescindible tenerlo en cuenta o nos resultará mucho más difícil ser sensibles, conectar, comprenderlos y actuar. **La memoria corporal no desaparece por no hacerle caso,** al contrario, encontrará la forma de expresarse en un intento de ser atendida.

———○ **Rodrigo recuerda contarle** a su madre de pequeño que a veces pensaba que alguien aparecería para hacerle daño. Lo asustaba mucho ese pensamiento y aunque de alguna forma sabía que era algo que no iba a pasar, lo sentía como algo muy real. Decidió estudiar Medicina sin mucha conciencia del motivo y le atraía mucho trabajar en neonatología. Cuando estaba nervioso, esos pensamientos seguían apareciendo con fuerza y le preocupaba que se tratara de un trastorno psiquiátrico que le pudiera incapacitar en algún momento. En un seminario sobre trauma infantil, escuchó el ejemplo de otra persona que tenía unos pensamientos muy parecidos a los suyos, sintió mucho alivio al comprender que estos surgían de su experiencia como bebé, ya que sufrió complicaciones en sus primeros meses de vida. Hasta entonces, no había reparado en cómo le afectó pasar tanto tiempo ingresado, con operaciones, pruebas, tubos, cuando en neonatología, sin esperarlo, entraba gente y «lo lastimaba»....

Esta capacidad de nuestro cuerpo de registrar cómo nos sentimos y lo que percibimos está con nosotros a lo largo de toda nuestra vida. Sin embargo, como adultos, tendemos a pensar que *enterarse* significa poder explicar con palabras, dar razonamientos sofisticados o argumentos elaborados, es decir, tareas de las que se encarga la corteza cerebral, que no terminará de desarrollarse hasta pasados los veinte años. Evidentemente, nos enteramos de cosas antes de esa edad. Más aún, lo que nos ocurre durante esos años hasta que nuestro cerebro se desarrolla por completo es determinante para nuestra vida adulta.

Por eso, tal y como vimos al hablar de nuestro discurso adulto sobre nuestra infancia, para descartar nuestras falsas creencias es importante que comprendamos que **la memoria es mucho más compleja que lo que decimos que recordamos.** Las sensaciones de nuestros hijos, sus reacciones, su forma de relacionarse, de hablarnos, de hablarse, su lenguaje no verbal e incluso algunos de sus dolores de estómago, de cabeza o conductas disruptivas son una forma de expresar sus recuerdos, otra forma de acceder a lo que les está ocurriendo o les ocurrió. Nuestra labor es ayudarlos a entender de lo que sí se enteran y a integrarlo para aprender a vivir en un equilibrio que quizá nosotros no pudimos vivir.

Además, incluso cuando recuerdan de forma explícita, cuando nos dicen lo que sintieron, lo que no les gustó o lo que desearían con todas sus fuerzas, creemos que como son niños no les debió afectar tanto, que se les pasará en cuanto se pongan a jugar o que están exagerando. Nada más lejos de la realidad. Lo que viven los afecta y condiciona, tal y como nos ocurre a nosotros. Que jueguen un rato después de estar enojados no significa que se les olvide para siempre; a veces, el juego es el lugar donde elaboran sus emociones, una forma de autorregulación o un refugio. Pero definitivamente, dejar de hablar de algo no significa que haya dejado de ser importante.

———o **Beatriz cuenta que todos los días** durante los siete años que tiene su hijo Noah, su pareja o ella lo acuestan y lo acompañan hasta que se duerme. Cuando era más pequeño, su hijo tenía miedo a la oscuridad, así que encendían un monitor para bebés en su cuarto desde el que escuchaban si su hijo los llamaba para ir a atenderlo y tranquilizarlo. Una noche, durante las vacaciones en casa de los abuelos, tras acostarlo, se olvidaron de encender el monitor y tras unas horas dormido de repente escucharon a su hijo afuera de su habitación gritando: «¡¡Mamá!!». Entraron rápidamente a calmarlo, se quedaron con él y le pidieron perdón. Cuatro años después, volvieron de vacaciones a la misma casa y, al tumbarse Noah en la cama, los miró y dijo: «Aquí es donde el otro día me desperté y no estabas, pasé muchísimo miedo. No lo vuelvas a hacer, ¿okey?».

Evidentemente, Noah no había estado guardando rencor por aquello durante cuatro años a sus padres, pero verse en la misma situación le hizo recordar el miedo y la inseguridad, y necesitaba asegurarse de que podía confiar en que esta vez no volvería a pasar por una situación tan difícil para él.

> "
>
> Alrededor de los nueve meses ya tenemos una sensación corporal clara de si «valemos la pena» y de si el mundo es un lugar seguro; una huella a partir de la cual vamos a comportarnos y a desarrollar un patrón neurológico concreto de procesamiento de la información. La relación con su figura de apego será la base a través de la cual el niño se acerque a sus emociones, las exprese, establezca relaciones y desarrolle su personalidad; también es la base de su autoestima, de su confianza en el mundo y en los demás.
>
> "

«LOS NIÑOS SE ADAPTAN A TODO»

Esta afirmación es cierta, aunque habría que añadir una segunda parte: los niños se adaptan a todo y pagan un precio por ello. Como explicaba en el apartado anterior, a la edad de un año, un niño ya se habrá adaptado a unos padres que no lo atienden cuando llora, pero eso tendrá un impacto en su desarrollo cerebral, en su sensación de valía, en la confianza que tendrá en el mundo a lo largo de toda su vida... Sensaciones que, seguramente, nos sean familiares a muchos de nosotros.

Reconocer la capacidad de adaptación de los niños sería maravilloso si fuera simplemente un reconocimiento a su resiliencia, a su plasticidad, si fuera una forma de expresar nuestra admiración por todos los seres humanos y su fuerza de vida, pero la realidad es que la mayoría de las veces no escuchamos esta frase con esta intención, sino más bien con la de deshumanizarlos de alguna forma, de tener la excusa para no enfocarnos en el entorno al que se están adaptando y de modificarlo si les está siendo desfavorable en algún punto.

Desde ese reconocimiento podríamos ver que, para las crías humanas, cubrir sus necesidades es tan importante para su supervivencia que van a hacer lo que sea para que sus figuras de cuidado las cubran al máximo. La parte de nosotros que quiere sobrevivir se adaptará, aunque eso conlleve eliminar de nuestra conciencia partes de nosotros; incluso si supone dejar de ser conscientes de nuestros sentimientos, distorsionarlos o construir una falsa identidad que nos ayude a actuar, aun de forma contraria a nuestros verdaderos intereses. Todo ello sin mencionar lo que eso supone: desarrollar en el futuro diversos síntomas, tanto psicológicos como físicos. Necesitamos tanto de la relación con nuestros padres que buscaremos toda la seguridad, la mirada, la presencia, la aceptación y la predictibilidad posibles, al precio que sea.

Estas renuncias pueden darse antes del año de vida, edad a la que ya podemos ver la diferencia entre los bebés que interiorizaron la seguridad de que pueden expresarse y recibirán respuesta, los que aprendieron a no mostrar emociones desagradables y los que aprendieron que la única manera de cubrir sus necesidades es mostrar sus emociones desagradables de forma intensa y adaptando su comportamiento al comportamiento cambiante de sus figuras de referencia. Es decir, que en el caso de no encontrar padres suficientemente sensibles, responsivos y con capacidad de reparar, ya habrán desarrollado, para poder adaptarse, una estrategia de protección preconsciente con la que crecerán sin saberlo, y a partir de la cual se comportarán, reaccionarán, pensarán, construirán su identidad y elaborarán sus discursos acerca de lo que ocurre, incluidos aquellos sobre lo que les sucedió en la infancia, aunque esté alejado de quiénes son y de lo que les ocurre de verdad. Cualquier niño que tenga que desarrollar una estrategia de protección para que sus necesidades se cubran tendrá que pagar el precio de alejarse de sí mismo, construir una autoimagen al margen de la realidad y vivir con un nivel de estrés constante, quizá sin saberlo, que afecta a nivel físico, psicológico y emocional, ante la necesidad de adaptarse a algo que no es lo que necesita.

Lo interesante de estas estrategias no conscientes es que volverán cada vez más sofisticadas si no consiguen su objetivo, que no es otro que el de cubrir necesidades, llegando a la posibilidad, en la adolescencia, por ejemplo, de dejar de sentir dolor, sentir placer con el dolor o poner en peligro a los demás. Por increíble que parezca, para algunos niños no hay otra forma mejor de encontrar algo de equilibrio en el ambiente en el que crecen. Incluso los comportamientos dañinos tienen una función para ellos (dentro de un entorno que no pudo atenderlos de la forma en que necesitaban). Todo lo descrito, al menos para mí, es tan fascinante como doloroso.

Por ello, no es de extrañar que a algunas personas les cueste entender que lo de «poder con todo», cuidar a todo el mundo sin pensar en uno mismo o ser siempre amable para evitar los conflictos no es algo innato, sino una especie de armadura o careta adquirida que fue necesaria, una estrategia muy temprana que no se construyó de manera deliberada y que, al igual que se aprendió a utilizar, se puede desaprender.

———o **Ramón acude a terapia** porque se lo pide su esposa. Me dice que ella cree que siempre busca el problema y que se pasa el día amenazando y regañando a su hijo Dani, de seis años, por cosas que no son graves. Cuando le pregunto qué cree él, me dice que él es así y que, aunque no quiere que su hijo se sienta mal, esa es su forma de hablar, el tono natural de su voz y no cree que pueda ayudarlo a hacer nada con ello. «En mi casa siempre he sido el rebelde, el gruñón, con el que no se podía hablar de nada». Resulta que eso es lo que le habían dicho a lo largo de toda su infancia y adolescencia. Ramón había tenido una madre muy controladora y un padre muy ausente, y su única forma de conseguir un lugar dentro de la familia y reconocimiento, aunque fuera con una etiqueta aparentemente mala, fue asumiendo el papel de conflictivo. Ese era su rol. Resultó que, tras esa fachada, había mucha tristeza y mucho dolor, Ramón se había sentido muy desamparado. Tras varios meses de terapia, muchas lágrimas y mucho trabajo después, consiguió acercarse a su hijo y a su esposa de forma diferente.

Es increíble aprender que somos tan vulnerables y dependientes como humanos, que en nuestra biología existe un mecanismo que nos lleva a hacer lo que sea con tal de conseguir atención y cariño, necesidades básicas para nuestro desarrollo. Incluso si ese «lo que sea» pasa por desarrollar una imagen desagradable de nosotros mismos o por dejarnos de lado. Desde este prisma, lo de «lo hace para llamar la atención» cobra otro significado. Y es que la atención es una necesidad básica para la supervivencia de los seres humanos.

«LOS NIÑOS NO TIENEN PROBLEMAS»

Es evidente que si tenemos un sistema biológico de supervivencia desde pequeños es porque lo necesitamos para alertarnos del peligro. Tendemos a idealizar la vida de los niños, obviando que son seres vulnerables y extremadamente dependientes, cuya valía, autoestima y salud está, en gran medida, en nuestras manos. Para un niño, a nivel interno, el mundo está lleno de situaciones estresantes. Un bebé puede vivir como un peligro estar a dos metros de su madre, sin su olor o su calor; un niño de un año que ve a un perro correr hacia él, aunque se acerque en son de paz, puede percibirlo como un peligro; para un niño de dos años, sentir ira y ganas de hacer daño puede ser altamente estresante. Y así podríamos continuar: miedo a la oscuridad, a separarse para ir a la escuela, a ponerse una vacuna, a la sensación de rechazo tras un castigo... Y eso sin contar las familias en las que existe la violencia física, el abuso sexual, el alcoholismo, la violencia de género u otras situaciones objetivamente peligrosas a ojos de todos. **Que parte del lenguaje de los niños sea el juego no significa que su vida sea sencilla.** Necesitamos entender como adultos que lidiar con la vida, para un niño, requiere de más habilidades de las que tiene, y eso es altamente estresante sin la seguridad de que habrá alguien que lo tenga en cuenta y lo apoye como necesita; si no tiene la seguridad de contar con sus padres y las habilidades de estos para lidiar con dichas situaciones, o cuando la fuente del estrés son sus propios padres. Parte importante de ser seres sensibles es comprender que ser niño no es fácil, y que nosotros neguemos sus problemas o les quitemos importancia no quita la importancia que para ellos tienen.

«SON COSAS DE NIÑOS»

No es raro escuchar a algún adulto etiquetando como *cosas de niños* situaciones en las que necesitarían de nosotros. Una vez más, tomamos una frase y nos quedamos solo con la parte que nos conviene para descartar nuestra responsabilidad. Evidentemente, las peleas, los golpes, las burlas..., son cosas que ocurren entre niños mientras aprenden a regular los problemas o las situaciones de mucha activación de forma más respetuosa, pero que sean comportamientos esperables en la infancia no significa que lo tengan que resolver y gestionar entre ellos siempre. Escuchamos esta frase constantemente para justificar y no actuar en situaciones importantes, tales como los inicios de un caso de acoso escolar, y se acaba convirtiendo en una creencia que justifica nuestra negligencia. Con esta formulación minimizamos los problemas, los insultos o los abusos que ocurren entre niños. El hecho de que haya cosas que sea normal ver en los primeros años, ya sea por imitación, por falta de capacidad para regularse o como expresión de un malestar más profundo, no significa que sean aspectos que debamos dejar desatendidos. Es decir, que ciertos comportamientos sean normales en la infancia no quita nuestra responsabilidad de encargarnos de lo que sea necesario, ya sea supervisando el problema, o bien, mediándolo o poniendo límites e interviniendo como sea necesario para que resulte menos probable que se maneje de la misma manera en el futuro.

Nuestro rol como adultos es comprender la importancia de actuar como modelos de gestión, de mediación, de escucha, y poner límites con firmeza y respeto de manera que no solo de forma individual, sino en relación con otros niños, nuestros hijos sientan que pueden contar con nosotros si lo necesitan, si los están invadiendo o si son ellos los que están haciendo daño a otro.

──o **Los padres de Gael,** de cuatro años, habían estudiado mucho sobre la importancia de la autonomía de los niños, de seguir su ritmo y confiar en su autorregulación. Tanto que decidieron no intervenir en cuestiones como cuándo o qué comer, cuándo dormir, cuánta tele ver o cuándo intervenir en los momentos en que Gael «se desbordaba», que eran muchos. Habrían querido llevarlo a un centro educativo de alguna pedagogía alternativa con una manera de ver las cosas parecida a cómo lo estaban educando ellos, pero la economía no se los permitía, así que Gael comenzó a ir a una escuela pública. Desde el principio, tenía serias dificultades para adaptarse y muchos problemas con sus compañeros, a quienes golpeaba y mordía. Cuando la profesora citó a los padres de Gael para hablar con ellos, se encontró con que no estaban de acuerdo en intervenir, ya que era la manera de autorregularse de su hijo y querían fomentar su autonomía. Tampoco veían con buenos ojos intervenir si le pegaban o lo mordían a él. Consideraban que esa era la forma en que aprendería las consecuencias a sus actos. Pero Gael no tenía forma de autorregularse, porque nadie lo estaba ayudando a saber cómo ni le estaba sirviendo de modelo. Necesitaba estructura, límites claros y escucha.

«NO LO CARGUES, PORQUE SE MALACOSTUMBRA»

Espero que con la información que ofrecida en este libro hasta ahora el lector o la lectora comprenda que este tipo de frases no aportan nada positivo al vínculo con sus hijos, más bien al contrario, lo dañan. Como ya especificamos en el apartado «Sensibilidad», es imposible que un bebé manipule de manera consciente, pues no tiene la capacidad de hacerlo. El llanto es la forma más primitiva de comunicación de un malestar y necesita ser atendido, y mientras más pequeños sean, de forma más inmediata. El contacto físico es necesario para el desarrollo de nuestro cerebro, sin él se producirá una mayor *poda* de neuronas de la deseable, que afectará especialmente a las áreas que correspondan a las funciones menos o peor estimuladas. Si la pérdida neuronal y de conexiones se prolonga, llega a ser irreversible, como sucede, por ejemplo, con los niños que estuvieron en refugios donde no se les atendió adecuadamente. Esta pérdida de conexiones significa un empobrecimiento de las capacidades psíquicas del niño, del adolescente y del adulto en las distintas áreas: intelectual, emocional, social, en su capacidad de aprendizaje..., y son, además, un importante precursor de enfermedad mental en el futuro. Quizá suene un poco técnico, pero como decir que los niños merecen respeto solamente por ser personas no parece suficiente, a los profesionales no nos queda otra que tratar de explicar este tipo de datos. Ojalá llegue un día en el que no haga falta hablar de evidencia científica para comprender la importancia del respeto a la infancia.

"

En 1945, Robert Spitz acuñó el término hospitalismo para describir las secuelas psíquicas y somáticas que provocaba en niños el hecho de haber sido alejados de sus madres y haber permanecido institucionalizados durante el primer año de su vida. El hecho de que se cubrieran sus necesidades de alimento o higiene no era suficiente para su correcto desarrollo, se observó un estado de aletargamiento y estupor que podía llevarlos incluso a la muerte y que denominaron depresión anaclítica. Estos descubrimientos cambiaron por completo la forma de entender el trato de los bebés en las instituciones y la forma de abordar la adopción.

"

Al margen de este dato, es importante comprender que todo aquello que queremos que nuestros hijos aprendan (a ser empáticos, a gestionar sus emociones sin hacer daño a nadie, a resolver problemas de forma pacífica, a saber funcionar en equipo, etcétera) se aprende viendo y experimentando cómo lo hacemos nosotros. Es decir, aprenden a ser empáticos cuando empatizamos con ellos, no cuando les damos una charla sobre cómo se sienten los demás, aunque, por supuesto, estas conversaciones puedan ser también muy enriquecedoras. Aprenden a gestionar los conflictos viendo cómo los gestionamos nosotros con ellos. Es decir, la mejor manera de enseñar a nuestros hijos a ser respetuosos y gestionar de forma adecuada su mundo interior es poniendo energía en hacerlo nosotros con ellos. Para esto, nuestra paciencia es imprescindible, ya que hasta aproximadamente los cuatro años los niños no tienen la capacidad de entender que su mente y la del otro pueden ser diferentes, y para los adultos no suele ser fácil sostener la incertidumbre y la inseguridad sobre si lo estamos haciendo bien o no durante tantos años hasta ver los *resultados*. Es decir, hasta esa edad consideran que lo que piensan y sienten que es la única realidad. Este dato tiene implicaciones claras en las peticiones que les hacemos a la hora de compartir, pedir perdón o de corregir sus comportamientos. Les estamos pidiendo cosas que su cerebro no puede entender y que, por tanto, van a ser altamente frustrantes para ellos.

Alrededor de los cuatro años, evolutivamente, los niños ya llegaron a un momento en el que su capacidad de representar su propia mente y la de otros es mayor: empiezan a ser capaces de comprender que los demás tienen sentimientos, pensamientos, creencias y deseos diferentes a los suyos. Si somos capaces de comprender, nombrar y atender de forma ajustada la realidad interna de los niños, de contener nuestras propias prisas, de asumir nuestro miedo a hacerlo mal y de confiar en el ritmo de los procesos de hacerlo ellos mismos y con los demás, llegará un momento en el que su cerebro esté preparado para ello.

«UNA NALGADA A TIEMPO NO HACE DAÑO»

Para cualquier persona, incluidos los niños, el hecho de estar expuestos a la posibilidad de recibir un golpe del tipo que sea genera alarma. La nalgada es una forma de violencia que no solo hace daño físico: activa nuestro sistema nervioso de modo que esté pendiente, de manera continua, para protegernos de otro posible daño. Como expliqué anteriormente, lo que hace nuestra memoria es aprender del pasado para predecir un posible futuro, y protegerse de los posibles peligros. Es normal, entonces, que en la mente de los niños surjan conclusiones como «Si me pegan una vez, puede que me peguen de nuevo», y, sin duda, ese estrés que se produce entre «nalgadas a tiempo», aunque invisible, existe, y tiene un efecto dañino para el desarrollo. De hecho, la alerta generada por la violencia física, por *suave* que sea, puede provocar el mismo impacto en los niños que otros hechos o contextos que todos valoramos objetivamente como indeseables, como por ejemplo vivir en la pobreza, el encarcelamiento de un progenitor o haberse criado en una institución.

"

Estas son algunas formas en que el estrés se muestra en la infancia:

- Irritabilidad.
- Ira excesiva.
- Llanto frecuente.
- Dolor de estómago.
- Dolor de cabeza.
- Retrasos en el aprendizaje.

→

- Bajo rendimiento escolar.
- Pensamientos negativos constantes.
- Explosiones emocionales.
- Compulsiones.
- Enuresis.
- Pesadillas.
- Dificultad para dormir.
- Dificultad para parar.
- Dificultad para mantener la concentración.
- Aislamiento.
- Fobia social.
- Fobia al exterior.
- Desesperanza.
- Depresión.
- Comportamiento violento.
- Tensión muscular.
- Hipocondría.
- Chuparse el dedo.
- Arrancarse el cabello o pellizcarse.
- Actuar como si nada estuviera pasando.

Es urgente que entendamos esto para mejorar nuestra relación con los niños. Para dejar de pegarles, de reírnos cuando vemos una broma sobre maltrato infantil, para dejar de comentar y leer como algo *normal* en redes sociales frases como «A ese niño le pegaba yo con el cinturón y no volvía a comportarse así», cuando lo que subyace bajo el comportamiento del niño es su sufrimiento. Como vimos hasta ahora, la niñez es la etapa en la que adquirimos una gran parte de recursos físicos, cognitivos, emocionales y sociales, y pegándoles no estamos favoreciendo esta adquisición de ninguna manera. Si nuestro interés es ayudarlos a asegurar su bienestar, ningún golpe, aunque sea de manera aislada, o ninguna forma de violencia «a tiempo» favorecerá a nuestro hijo. Y es que si hay (o se espera) violencia, no puede haber confianza.

———o **Irene tiene tres años y su maestra está preocupada.** Cada vez que le quiere señalar un error o marcarle algún límite, Irene sale corriendo asustada. Cuando la maestra le pregunta a Irene por qué se comporta así, le dice que no quiere que le haga daño cuando se equivoca, como hace su mamá. Hacía unos días, la madre de Irene pidió a la niña que recogiera un vaso que Irene había llevado a su mesa de trabajo, y en vez de eso se había puesto a jugar con el agua, mojando un documento de trabajo importante de su madre por accidente. En ese momento, la madre de Irene perdió los estribos y, aunque se arrepintió inmediatamente, la recostó sobre sus piernas, le bajó el pantalón y le dio varias nalgadas con fuerza. Era la única vez que la madre de Irene había actuado de esa forma, y le había pedido perdón, pero Irene seguía con miedo, no solo de que se repitiera en casa, sino de que ese tipo de represalias fueran a suceder en otros entornos, como la escuela.

«ES POR TU BIEN, TIENES QUE PORTARTE MEJOR»

Ya vimos que durante muchos años la obediencia ha sido el objetivo para la gran mayoría de los adultos con niños a su cargo. Sin embargo, la obediencia no es el indicador más fiable de salud mental, y si encima la conseguimos a base de estrés y trauma, puede ir asociada a un montón de riesgos y de consecuencias negativas que la mayoría de los padres no quieren para sus hijos. Todas las técnicas violentas pueden *servir,* al menos durante un tiempo determinado, para *conseguir* niños obedientes, pero a costa de su bienestar. Para todas las personas que dicen que la violencia les funciona, deben saber que la obediencia es la consecuencia del miedo, y si hay miedo no hay aprendizaje, hay supervivencia. La obediencia va ligada al concepto de *niño bueno* o *niño malo.* Existe en el imaginario colectivo una idea bastante clara de lo que es un niño bueno y un niño malo, y de que tener éxito como padres es conseguir tener niños buenos. Aunque se logre a través de actos violentos acompañados de un «es por tu bien».

Estoy bastante segura de que a casi todos nos viene a la cabeza un niño obediente, amable, cooperativo, con buen rendimiento académico y responsable cuando escuchamos las palabras *niño bueno.* Por contraposición, un *niño malo* es aquel que tiene problemas, no obedece, pega o grita. Todavía muchos padres, abuelos, docentes y adultos, en general, mandan mensajes a los niños sobre lo adecuado de ser *bueno* y lo inadecuado de ser *malo.* De hecho, incluso desde la psicología se han promovido, y se siguen promoviendo, algunas técnicas como el «tiempo fuera» con el fin de intentar que los niños se comporten de la forma en que nosotros creemos que tienen que hacerlo. En la mayoría de los casos, sin considerar si es benéfico o posible para ellos.

La realidad es que no existen los niños buenos ni los niños malos, esas etiquetas van ligadas a lo que a los adultos nos resulta deseable o no, lo que nos gusta, nos tranquiliza o nos parece más cómodo. Porque es más fácil convivir con un niño complaciente que con uno que se enoja cada vez que no se siente escuchado o que no nos siente disponibles. **Es más fácil convivir con un niño que obedece órdenes a la primera que con uno que está tan conectado con sus propios intereses que no se quiere replegar a los nuestros.** Es más fácil vivir con un niño que se sienta dos horas a dibujar que con uno que disfruta de trepar, explorar y sacar de los cajones todo lo que hay. Pero que sea más fácil para nosotros como adultos no quiere decir que sea mejor para él. No es mejor para él callarse cuando se siente mal para complacernos, ni dejar de lado sus intereses, ni estarse quieto. Por eso, vamos a deconstruir lo que entendemos como niño bueno o malo, vamos a darle profundidad, a cuestionar lo que hemos aprendido y, sobre todo, vamos a ver cómo un comportamiento de niño bueno no tiene por qué ir inherentemente ligado a una buena salud mental, emocional o física, ni un comportamiento de niño malo a una mala. Gracias a lo que sabemos hoy sobre desarrollo evolutivo y psicología, podemos descartar de un jalón estas ideas preconcebidas que nos han acompañado socialmente durante tantos años, y afirmar, una vez más, que las etiquetas, lejos de servirnos, nos pueden entorpecer más en esta labor de entender y atender a nuestros hijos como necesitan.

Ya he explicado con anterioridad que todo comportamiento de los niños es una forma de comunicación: nos habla de cómo se sienten consigo mismos, con los demás o con el mundo. Nos habla de su sistema nervioso y de lo que están necesitando. Si solo nos centramos en que lo que hacen son comportamientos adecuados o inadecuados según ideas sociales o personales preconcebidas, nos perderemos la cualidad de comunicación que llevan implícita y un montón de oportunidades de revisarnos como padres, de ayudar a nuestros hijos y conectar con ellos. Todos y cada uno de sus comportamientos son adecuados para algo, solo tenemos que «sumergirnos» para entender en qué están ayudando.

Por eso, en vez de hablar de niños buenos y malos, vamos a hablar de niños que pueden mostrar sus necesidades o no. De niños que se sienten seguros o inseguros en su entorno. De nuestro sistema nervioso, ya que será un factor clave en el suyo. Y vamos a hablar de los comportamientos como ventanas a su mundo interior, un mundo lleno de matices, complejo y precioso, que necesita de nuestros recursos para ser gestionado. Una vez que comprendamos esto, seguramente nos será más fácil entender que todo lo que entra dentro de la tradicional etiqueta de niño malo puede ser algo absolutamente normal y saludable en los niños: gritar, pegar, enojarse, patalear, no obedecer, moverse sin parar, desordenar, transgredir las normas... Sin haber desarrollado aún la capacidad de empatía, la paciencia, la capacidad reflexiva, suficiente vocabulario emocional o un vocabulario que sepamos interpretar, es imposible que gestionen sus emociones y problemas de manera más madura. Es nuestra labor acompañarlos en el proceso de aprender, sin juicios y a su ritmo.

———o **Manu, de cuatro años,** había empezado a pegarles a otros niños en el parque. Hasta entonces, según sus padres, había sido un niño bastante pacífico y estaban preocupados por su comportamiento. Le habían dicho muchas veces que pegar no estaba bien, pero parecía no importarle. Los padres de Manu, especialmente su madre, estaban muy angustiados porque tenían miedo de que estos problemas hicieran que el resto de los niños lo rechazaran y se quedara sin amigos. La madre de Manu vivió situaciones muy dolorosas de rechazo en la escuela que se le estaban despertando y que estaban provocando, a su vez, su rechazo hacia el niño.

Hizo falta hablar de su experiencia y separarla de la de su hijo, explicar la etapa en la que Manu estaba, que no es que ya no fuera pacífico, es que había entrado de lleno en una etapa social y eso hacía que surgieran muchos más problemas, y con ello un montón de emociones difíciles de gestionar. El sistema nervioso de Manu estaba funcionando perfectamente, buscando la forma de defenderse de lo que él vivía como amenazas, y pegar era el recurso que tenía de momento. De hecho, cuando los padres de Manu lo pudieron ver desde esa perspectiva, pudieron reconocer que era un comportamiento habitual de todos los niños del parque y pudieron encontrar una forma de acompañarlo y ayudarlo a encontrar maneras de regular su enojo que no conllevaran dañar al otro, le enseñaron a reflexionar sobre sus sentimientos y los de los demás, a pedir ayuda..., habilidades que lleva años desarrollar y que los niños no pueden aprender por sí mismos.

Como podemos ver, el comportamiento (pegar) era el mismo en el caso de Manu y en el de Gael, pero lo que estaba ocurriendo por debajo —el origen de este comportamiento— era completamente diferente.

La otra cara de la moneda es la de un niño que se porta *bien*. A los adultos nos cuesta entender que *portarse bien* no significa que no esté ocurriendo nada desagradable en el interior de niños y niñas. Y es que un niño que se porta bien, que tiene comportamientos deseables, que es amable, responsable, cuidadoso, tranquilo..., no tiene por qué estar sintiéndose bien. Muchas veces, ser obediente, educado y tranquilo no es más que un reflejo de la necesidad de reprimir impulsos, emociones o deseos para ser aceptado por nuestras figuras de referencia. Recordemos que los niños, ya desde bebés, van a encontrar, gracias a ese sistema biológico de supervivencia, la mejor manera de ser valorados, aceptados y vistos, y la forma de que las relaciones sean lo más predecibles posible.

———° **Con siete años, Carolina** fue elegida la jefa de grupo. Todos los profesores la alababan por su responsabilidad, su obediencia y la forma en que siempre ayudaba a los demás, y cuando fue elegida jefa de grupo, recibió la responsabilidad de cuidar del grupo cuando el profesor no estaba, repartir las tareas de organización a los compañeros... Desde muy pequeña, en casa, Carolina era igual: amable, obediente, responsable... No dejaba una tarea sin hacer o a una persona sin cuidar. Era la hermana mayor y se encargaba de los pequeños sin pedírselo, sus padres les decían a todos sus amigos lo orgullosos que estaban de ella. A los once años, Carolina le gritó y le pegó a una compañera en el recreo, lo curioso es que luego no lo recordaba. Se sentía muy culpable por haber sido tan mala y tenía mucho miedo de hacerle daño a alguien más sin darse cuenta.

Lo cierto es que en casa de Carolina había mucha violencia: su padre le pegaba a su madre, y amenazaba a sus hermanos cada vez que hacían algo que a él no le gustaba. Ser buena había sido su manera de librarse de la violencia paterna y de la desprotección, pero sentía mucho miedo y mucha ira, tanta que explotó de esa manera en clase. No fue un «mal comportamiento sin más», fue una petición de auxilio y una forma de su cuerpo de expresar y liberar una tensión enorme que llevaba años arrastrando.

Por eso, un niño que se porta mal, entendiendo por *portarse mal* enojarse, romper un juguete o llamar «mala» a su madre, puede sentirse seguro en un entorno en el que no lo van a castigar por expresar sus sentimientos y manejar sus impulsos de la única forma que puede, sino que lo van a ayudar a comprender su malestar, a poner límites con amabilidad y a regularse. De la misma manera, un niño que se porta bien, entendiendo por *portarse bien* obedecer y no enojarse, puede estar reprimiendo sus sentimientos e impulsos, y sentir que su entorno es peligroso o que no es confiable.

Podemos decir adiós a las categorías *niño bueno* y *niño malo*, y centrar nuestras energías en trabajar nuestra relación con ellos, en aprender a sumergirnos en su mundo interior y en el nuestro. Podemos aprender a aceptar que todos los niños son buenos y que algunas de las cosas que etiquetamos como malas en ellos no son más que el reflejo de nuestras limitaciones, prejuicios, vivencias y un entorno que necesita ser revisado. Podemos aprender a tener paciencia y entender que tenemos dieciocho años para enseñarle a nuestro hijo recursos para la vida, y que el mayor de todos los recursos, por encima de cualquier otro, es tener unos padres que lo aceptan, lo miran sin juicios y se hacen cargo de sus sentimientos para enseñarle a gestionarlos.

«ME DUELE MÁS A MÍ QUE A TI»

Poco se puede explicar de esta frase. **La violencia nunca duele más al que la ejerce que al que la recibe.** No digo que la culpa que podamos sentir tras hacer daño no sea dolorosa, o que seguir perpetuando la violencia esté, en lo profundo, confirmando creencias del pasado, como que nos merecíamos que nos pegaran, pero no se puede comparar con el daño que hacemos a un niño.

Los seres humanos somos los mamíferos que más tardan en llegar a la edad adulta. Al nacer, nuestro sistema nervioso está tremendamente inmaduro y no será hasta pasados los veinte años cuando terminará de madurar. No podemos obviar que tres partes de nuestro cerebro se desarrollan fuera del útero, una vez que nacemos. Es decir, nacemos solamente con el 25% del peso final que tendrá nuestro cerebro. Eso hace, entre otras cosas, que seamos seres muy vulnerables y extremadamente dependientes al nacer. Durante los primeros años necesitamos que nuestros cuidadores asuman el papel de todas las funciones del cerebro que nosotros aún no tenemos. Esa será la manera en que iremos asumiéndolas y desarrollándolas, muy poco a poco, nosotros.

Hasta aproximadamente los seis años, no adquirimos las bases generales de lo que será nuestro cerebro adulto (solamente las bases), y hasta pasados los veinte, la corteza prefrontal no será completamente funcional. Esta es el área encargada, entre otras cosas, de controlar la impulsividad, gestionar las emociones, planificar, razonar, pensar a largo plazo..., que son funciones que, hoy, esperamos que ya dominen niños de dos, tres y cuatro años.

Ya sabemos que para que nuestro desarrollo sea adecuado necesitamos de buenos vínculos afectivos, de relaciones que sean predecibles en las cuales sentirnos seguros, vistos, aceptados y protegidos. Es decir, necesitamos a alguien que nos calme hasta que nosotros podamos calmarnos. Alguien que nos ayude a poner palabras a lo que nos pasa hasta que podamos ponerlas nosotros. Necesitamos a alguien que nos ayude a pensar las consecuencias de nuestros actos hasta que podamos pensarlas por nosotros mismos o que nos proteja del peligro que no vemos. El cerebro de nuestros hijos depende de cómo hemos desarrollado nosotros el nuestro, lo cual tiene su base, a su vez, en nuestra propia infancia y en el cerebro de nuestros padres.

Eso significa que, si lo que buscamos es el bienestar de nuestros hijos, fomentar su autoestima y ayudarlos a prevenir riesgos y desarrollar recursos para relacionarse de forma respetuosa (no solo con los demás, sino también consigo mismos), hacerles daño nunca será una estrategia adecuada. Victimizarnos por un daño que, en realidad, estamos cometiendo, menos aún. El daño que provocamos o que nos causaron a nosotros en el pasado nos afecta en muchos niveles, y de forma duradera, y sucede en una etapa tan crítica que nunca podrá ser comparable a la posible culpa que sienta quien ejerce la violencia. Si queremos poner la mirada en el dolor que sentimos nosotros, que sea en el espacio adecuado. No corresponde a los niños ayudarnos ni cargar con nuestro dolor.

«SE TE VA A SUBIR A LAS BARBAS»

Nos hemos centrado tanto en la obediencia y en ser figuras de autoridad que hemos dejado de lado la idea de que la autoridad se puede ejercer de forma firme y respetuosa. Las personas que tienen una manera de tratar a sus hijos más autoritaria o violenta desecharán ser figuras de autoridad respetuosas, alegando que eso es ser negligente y que los niños necesitan ese comportamiento autoritario o violento.

En el otro extremo, las familias negligentes o más permisivas considerarán que la firmeza y el respeto no son válidos, por considerarlos demasiado autoritarios. La polarización es una forma de pensamiento infantil: blanco o negro, bueno o malo, contento o triste. Cuando somos pequeños, es muy útil, porque nos ayuda a manejar una realidad compleja difícil de comprender y transitar. Sin embargo, una vez más, no significa que nuestro pensamiento sea real. ¡La gama de grises es infinita! Necesitamos cuestionar ambos polos para encontrar, dentro de la gran complejidad que supone tener hijos, el lugar en el que los derechos de los niños y nuestra responsabilidad como padres tienen cabida a la vez.

——○ **Mario y Sandra tenían una niña de seis años, Sonia.** Aunque no habían leído mucho sobre crianza, estaban haciendo intuitivamente lo que Sonia iba necesitando: trataban de empatizar, de escucharla, de no restar importancia a sus sentimientos... Había algunos límites claros en casa y habían creado un entorno predecible. Pero cada vez que la madre de Sandra venía a verlos a la ciudad en la que vivían o cada vez que ellos iban al pueblo a pasar unos días, acababan dudando de todo y recriminándose por estar haciéndolo mal. La madre de Sandra los advertía constantemente de la poca mano dura que estaban empleando y les anticipaba escenarios catastróficos en los que Sonia acabaría haciendo lo que le daba la gana sin importarle nada más. El trabajo de Mario y Sandra no fue para cambiar la relación con Sonia, sino para quitar poder al discurso de la madre de Sandra y ponerle los límites que necesitaban para protegerse de la confusión, la culpa y la inseguridad que sentían durante semanas tras cada visita.

RESUMEN

- *Muchas de las creencias sobre las que se ha sostenido la crianza y la educación de los niños hasta ahora son erróneas y atentan contra el bienestar de la infancia.*

- *Los niños son personas y, como tales, sienten, desean, sufren, disfrutan, tienen problemas... Es necesario que les demos la importancia que tienen y que los escuchemos con empatía.*

- *Ver a los niños en términos de «buenos» o «malos» es un factor de riesgo que impide la conexión con ellos, necesaria para su correcto desarrollo.*

9

ENTONCES, ¿LOS PADRES SOMOS RESPONSABLES DE TODO?

os padres tenemos un impacto directo y enorme sobre el bienestar de nuestros hijos. Y por ello, un impacto grande en el sistema de salud, en cuestiones sociales y también en la economía. Por tanto, sería esperable que, desde el momento que conociéramos la noticia de que vamos a ser padres, recibiéramos, desde diferentes ámbitos, soporte, apoyo, información y guía. Si se tiene en cuenta la importancia de nuestra infancia, es difícil entender que la sociedad no esté inclinada en invertir tiempo y dinero en incorporar todo el conocimiento sobre esta en escuelas, centros de salud, hospitales, universidades, etcétera; en convertir el buen trato a la infancia en algo transversal, con todos los beneficios asociados.

La realidad es que no es así. La base argumental de este libro o no es conocida o, si lo es, no es tenida en cuenta ni considerada prioritaria. Existe un discurso general que habla de cuidar a los niños, se hacen eventos para conmemorar los derechos de la infancia, pero, a la hora de la verdad, en lo concreto, las medidas que se toman no se hacen pensando en ella. La escasa información que se ofrece en la preparación para el parto, la enorme cantidad de violencia obstétrica que existe, los consejos sobre alimentación, sueño o disciplina de algunos pediatras tremendamente desactualizados, las bajas maternales insuficientes que no se cuestionan, los maestros con prácticas obsoletas y las políticas centradas en la productividad de los adultos por encima del bienestar de los niños son una muestra de cómo está normalizada, desde múltiples ámbitos, una atención inadecuada a la infancia. La palabra *trauma* no aparece en las facultades de Medicina ni de Educación, ni prácticamente en las de Psicología, a pesar de ser algo que necesitamos comprender y tratar para que las personas, los niños o los adultos, mejoren su salud física y mental.

> "
>
> La violencia obstétrica es una forma de violencia de género ejercida por profesionales de la salud con las mujeres embarazadas, en las labores de parto y el puerperio. Paradójicamente, repiten muchas de las formas de violencia que se emplean con la infancia. Por ejemplo, las humillaciones («seguro que no gritabas cuando "hacías" al niño»), la culpabilización («si te hubieras quedado quieta, no habrías abortado»), la negación de un tratamiento, la realización de procedimientos desaconsejados durante el parto, etcétera. El trastorno de estrés postraumático por el parto es la principal secuela de la violencia obstétrica, y parece que afecta a un 5% de madres, aunque hasta una de cada tres pueden presentar síntomas parciales, con el impacto añadido que eso tiene en el vínculo de las madres con sus bebés.
>
> "

Como resultado, nos encontramos con que aquellos espacios donde podría facilitarse nuestra labor de padres se convierten en lugares de autoridad donde se confirman muchas de las ideas erróneas que tenemos; lugares donde se legitiman muchas actuaciones inapropiadas, o donde, incluso, se promueven los malos tratos. Somos una sociedad tan traumatizada que no somos capaces de ver el trauma, y seguimos perpetuando aquello que lo provoca. Por supuesto, los padres podemos ser escudo y barrera de parte de este desconocimiento. Para proteger a nuestros hijos, informarnos por nuestra cuenta y compensar en la medida de lo posible (dependiendo de nuestra situación personal) esta tendencia de la sociedad, nos encontraremos con unas limitaciones u otras. Incluso en situaciones privilegiadas, encontrar la forma de ejercer una paternidad respetuosa puede vivirse como una lucha contra un gigante. **Es urgente que, como sociedad, construyamos espacios donde nos sea fácil encontrar voces y apoyos que promuevan los buenos tratos, ofrezcan información rigurosa y sean coherentes en su forma de actuar con un nuevo paradigma educativo, para tomarlos de ejemplo y ejercer nuestra labor como padres de la mejor manera posible.**

Por eso, vamos a dedicar un espacio a algunas de las creencias y conductas que nos afectan y con las que tendremos que lidiar de una manera u otra, y que no está directamente en nuestras manos cambiar de raíz, pero que nos impactan profundamente. Lo que sí podemos hacer es reflexionar sobre cómo gestionarlas y ayudar a nuestros hijos a lidiar con ellas de forma que no les hagan tanto daño. Para aquellas personas que sientan mucha culpa por cómo están tratando a sus hijos, puede que esto las ayude a tomar perspectiva y a ser más compasivas. Sin embargo, puede que otras sigan sin hacerse cargo de la responsabilidad que les corresponde.

Por supuesto, según el momento y el caso, puede resultar adecuado explicar a los niños parte de nuestro funcionamiento, el de otras personas o el de nuestra sociedad, no como justificación del daño que reciben, sino, más bien, como una explicación descriptiva en la que se nombre explícitamente lo inadecuado de nuestra actuación como sociedad para permitirles frustrarse, enojarse o dolerse, encontrar su manera de relacionarse con ello y acompañarlos desde ahí. Por ejemplo: «Siento haberte dicho que no llores. Mucha gente cree todavía que es una manera de hacer que la tristeza ya no esté. Y yo sé que está. Es normal que te hayas enojado conmigo». «Cuánto siento que la enfermera te haya mentido y te

LOS NIÑOS QUE FUIMOS, LOS PADRES QUE SOMOS

haya dicho que no te iba a doler la inyección. Seguramente, creía que era la mejor manera para tranquilizarte, y es normal que estés enojado y ahora mismo no quieras volver a confiar en ella».

No hay excusas para ejercer violencia contra los niños, pero como adultos necesitamos realizar este análisis para pasar a la acción y acabar cuanto antes con ella.

CULTURA DE LA FELICIDAD

No es de extrañar que, si como niños y como adultos hemos recibido mensajes sobre lo importante que es ser optimista, proactivo, asertivo, educado, bueno u obediente para ser felices —es decir, si nos enseñaron que hay emociones buenas y malas o que mejor no hablemos demasiado de lo desagradable o de lo doloroso—, corramos el riesgo de transmitir todo eso a nuestros hijos. En el caso de que hayamos aprendido a actuar de forma diferente y aceptado la importancia de dar el espacio necesario a lo angustiante, lo triste o lo frustrante, como padres tendremos que ayudarlos a elaborar una narrativa y a gestionar los mensajes constantes del entorno más o menos cercano, la cual trata de forzar una positividad que, lejos de ayudar, les puede hacer sentirse rechazados, invalidados, culpables o solos.

Ya dedicamos el primer capítulo del libro a ver cómo la cultura de la felicidad nos afecta como padres. Pero ¿cómo afecta a nuestros hijos? Es paradójico que queramos a toda costa que los niños sean felices cuando les mandamos de forma continua el mensaje de que tienen que cambiar. Para favorecer que los niños sean felices necesitamos entender que las emociones, todas ellas, son la forma en que nuestro cuerpo nos indica lo que necesitamos. A medida que crecemos, el tema de las emociones se hace más complejo porque, como ya expliqué, algunas emociones ocultan a otras; otras se reprimen y otras se exageran (sin conciencia), según el ambiente en el que hemos crecido, pero, en términos generales, lo que sentimos —todo lo que sentimos— es importante. No olvidemos que, con un entorno sensible y responsivo alrededor, un ambiente seguro que da permiso para sentir, nuestras emociones serán una parte esencial de nuestro mapa para tomar decisiones, para seguir nuestros ritmos y para relacionarnos.

No creo que a nadie le sorprenda saber que en muchísimos casos el entorno no es así. El «no llores», «no te enojes» o «pero si no pasa nada» son de lo más común en el parque, en el médico o en la escuela, y nada tienen que ver con la educación emocional que decimos que estamos intentando enseñar con actividades o con libros en los centros educativos. La educación emocional se enseña, tal y como ya vimos, en la forma de tratarlos y de hablarles. Se muestra con el ejemplo que les damos a la hora de tratarnos a nosotros mismos, en los permisos y descripciones realistas sobre cómo funcionan los procesos de las personas, en la manera de mirarlos y acompañarlos cuando se sienten mal.

La mayoría de nosotros, durante la infancia, no tuvimos el acompañamiento emocional que necesitábamos y, por lo tanto, muchos tenemos miedo a nuestras emociones, a que se vuelvan demasiado intensas o que duren demasiado tiempo, así que nos protegemos haciendo como si se hubieran pasado rápido, centrándonos en lo positivo al instante o haciendo reflexionar a nuestros hijos antes de que su cerebro pueda al menos intentarlo. Y cuando no sabemos qué hacer y consultamos con otros, esta forma de funcionar suele salir reforzada: «Será increíble vivir en la casa nueva», «¡Pero si vas a tener a alguien con quien jugar cuando venga tu hermanito! ¡Cómo vas a estar triste!». Ignorar las emociones no las hace desaparecer, ojalá fuera así de fácil. Es, más bien, al contrario: lo que negamos encontrará una forma de hacerse notar para que le hagamos caso. Da igual si es por medio del comportamiento, con otra emoción más intensa y exagerada o a través de síntomas físicos. Sea como sea, se expresará. Así de inteligente y maravillosa es la forma en que funcionamos los seres humanos.

Como ya vimos anteriormente, el cerebro de los niños necesita de nosotros para desarrollarse; su sistema nervioso precisa de nuestra calma y seguridad para aprender a regularse. Los padres necesitamos que nuestro entorno conozca esta información y nos apoye para que, si no sabemos cómo, podamos aprender a ayudar a nuestros hijos, a bajar la intensidad de sus emociones antes de ofrecerles explicaciones o invitarlos a reflexionar. Valorar el lado positivo de lo que nos ocurrió o buscar soluciones es un paso posterior que no van a poder hacer ellos solos hasta pasados los años, y solo si los adultos de su vida —profesores, médicos, familia extensa, vecinos, personas desconocidas— transmitimos un mensaje de seguridad, comprensión y soporte para ellos.

GENERACIONES

Si en gran medida el desarrollo de nuestros hijos es responsabilidad nuestra y de nuestras circunstancias, entonces lo que nos pasó a nosotros es —también en gran medida— responsabilidad de nuestros padres y sus circunstancias, y lo que les ocurrió a ellos responsabilidad de sus propios padres..., así, continuaríamos yendo hacia atrás en las generaciones de nuestros antepasados... Por eso, cuando esta idea se simplifica con un «la culpa es de los padres» o calificando a quienes tratamos de arrojar un poco de conocimiento sobre las experiencias infantiles de poco comprensivos con la paternidad, es porque no se ha entendido la complejidad y la profundidad del tema, o no se ha podido entender por lo que supondría internamente.

Venimos de generaciones que vivieron guerras, pobreza, condiciones muy difíciles y muertes traumáticas. Generaciones que tuvieron que adaptarse a todas esas condiciones de la mejor manera que pudieron y que criaron a la siguiente generación como pudieron. En nuestra herencia hay un sinfín de situaciones que llevaron a nuestros padres a ser como son, en las que nosotros no tuvimos nada que ver y que, aun así, nos afectaron profundamente. Por eso, cuando hablamos de mirarnos hacia adentro para ayudar a nuestros hijos, estamos diciendo implícitamente que miremos todo nuestro linaje, toda nuestra historia familiar, sumada al impacto cultural, y cómo se ha expresado en nosotros. Hablar de nuestra responsabilidad como padres, de nuestras historias personales, y analizar el impacto del entorno no se hace con la intención de castigarnos, de concluir que todo es nuestra culpa, sino de buscar las vías de prevención, de comprender ahora mismo que somos un factor de la salud mental y física de nuestros hijos, que somos responsables de hacernos cargo de ese papel con la carga que sea que nos corresponde, a veces muy pesada.

El legado quizá es tan grande que no podamos con todo y nos toque asumir que nuestros hijos se van a llevar una parte en la mochila que deberán trabajar en el futuro, o que necesitaremos, todos en general, muchos puntos de apoyo.

LA SOCIEDAD PATRIARCAL

Vivimos en una sociedad patriarcal donde los roles de hombres y mujeres son diferentes, en detrimento de estas últimas. Como consecuencia de haber crecido en una sociedad patriarcal, hemos aprendido que según seamos hombres o mujeres debemos encajar en dichos roles de género, en ciertos estereotipos; que debemos ser de una manera determinada únicamente por haber nacido niña o niño. Sin embargo, esa forma de ser, ese significado implícito de lo que implica ser mujer, únicamente tiene que ver con la socialización, no con una diferencia intrínseca entre unos y otros. El patriarcado nos afecta individualmente, en nuestra identidad, en la imagen que construimos de nosotros mismos o en lo que creemos que podemos o debemos hacer. También afecta a la relación con nuestra pareja, a nuestras relaciones con los demás y, por supuesto, a nuestros hijos e hijas y a nuestra relación con ellos. Es importante tener en cuenta que el patriarcado es estructural y que, por tanto, aunque dentro de casa consiguiéramos que no estuviera en absoluto presente, la sociedad está impregnada de él en todos los ámbitos.

Es el patriarcado el que hace presuponer a alguien que nuestro bebé es niño porque no lleva aretes; el que hace que sin planteárnoslo dejemos el cabello de nuestra hija largo o que vayamos a la zona de niña o niño de las tiendas de ropa directamente, dependiendo del sexo de nuestro bebé. Es el patriarcado el que hace que a las niñas les regalemos muñecas y a los niños balones; el que se ríe de niños muy pequeños o los castiga por pintarse las uñas, o trata de detener a las niñas cuando juegan a pelearse, aunque haya dos niños jugando a lo mismo a un metro de distancia. Si vemos a nuestros hijos e hijas desde ese prisma patriarcal, sentiremos que estamos haciendo algo mal si salen del estereotipo, y desde ese malestar vamos a intentar limitar o reprimir su libertad. La sociedad patriarcal se encarga de ir diciendo de forma más o menos sutil a los niños y a las niñas en la posición en la que se deben colocar en las relaciones y en la sociedad. El patriarcado no es sensible ni responsivo, y por eso es importante identificarlo, para que, en la medida de lo posible, no nos dañe a nosotros y no dañe a nuestros hijos e hijas.

La sociedad patriarcal en nosotros los adultos

Los estereotipos de género marcan que las mujeres deberían ser más tranquilas, complacientes, empáticas y cuidadoras; y los hombres más fuertes, valientes, intrépidos e inteligentes. Salirse de estos estereotipos supone una toma de conciencia de que existen, de cuánto nos han afectado, y nos permite hacer un trabajo consciente y profundo para conocer quiénes somos más allá de esa identidad a la que nos hemos tenido que adaptar y desde la que vivimos, en mayor o menor medida.

En el caso de las mujeres, además, la presión por encajar en el estereotipo se amplifica al existir un discurso social muy fuerte relativo a la maternidad, desde el que se considera que tenemos la obligación de ser buenas madres, y que serlo está relacionado con una entrega total, de renuncia a lo personal, sensibilidad constante, empatía y agradecimiento. En este estereotipo de buena madre, además, las mujeres se deben hacer cargo de la casa con una sonrisa; son las que regulan las salidas de tono de sus esposos; recuerdan y atienden las citas con el pediatra, las actividades escolares; hacen disfraces caseros, comida sana; se encargan de las compras, planifican los menús... Es decir, se considera que los cuidados, las tareas del hogar y la carga mental son cuestiones intrínsecas de las mujeres y de las madres, que además se deben llevar a cabo sin fallos, y sin quejas.

Para atender a nuestros hijos, ser sensibles y responsivas, las mujeres necesitamos tener en cuenta también nuestras emociones, nuestras historias, nuestros traumas, nuestros intereses, nuestros deseos y nuestros límites. Es importante comprender que **el estereotipo de buena madre es una forma de opresión de la que es necesario librarnos** para poder conocernos, vivir en un mayor equilibrio, con plenitud y poder, de forma corresponsable con nuestra pareja, y cuidar de nuestros hijos de la manera que necesitan. Encontrar tiempo para nosotras, tener en cuenta nuestros límites, decir «no» o asumir que no podemos más es benéfico para nosotras y para nuestros hijos. De poco sirve presionarnos por ser empáticas todo el tiempo cuando por dentro estamos al límite y sabemos que vamos a acabar explotando con ellos, a sentirnos culpables y volver a forzarnos por ser la madre ideal que todo el mundo espera que seamos. Una vez más, se trata de buscar un equilibrio.

Me gustaría subrayar que el hecho de que las madres lleven una carga tan grande y de que se espere que gestionen todo con una sonrisa y sin apoyo, de que sea más difícil para ellas darse el permiso para cubrir sus propias necesidades y que el mayor reconocimiento social se les dé por su manera de ejercer la maternidad es un buen ambiente para que las necesidades afectivas de las madres (¡que las tienen!) se terminen ocultando con sus hijos, buscando el amor y el reconocimiento a través de ellos. O lo que es lo mismo, que la mujer busque el reconocimiento personal a través de la imagen que proyecta como madre, en la manera de ser de su hijo, o que busque el afecto transgrediendo sus límites, por ejemplo, obligándolo a que la abrace, contándole sus problemas o utilizándolo para evitar los problemas de pareja. Es desde ahí donde muchas madres controlan a sus hijos para que estudien lo que a ellas les gustaría, para que se vistan como ellas desean o desde donde presionan para que saquen buenas calificaciones: «Si tú das buena imagen —lo que signifique en cada entorno puede ser diferente—, yo doy buena imagen. Y necesito el reconocimiento y la valoración que implica».

Por otro lado, cuando las necesidades personales no tienen ningún espacio será más fácil que la insatisfacción acabe saliendo en forma de culpabilización, explosiones emocionales o rechazo.

Aunque el estereotipo de género asignado a los hombres supone un privilegio, a nivel psicológico no todo son ventajas. De los padres se espera que jueguen, pongan límites y provean. Los grupos de chat de las escuelas están llenos de madres y no de padres; los permisos por cuidados suelen tomarlos las madres, que también preparan los disfraces, la mochila y consuelan a los niños cuando los padres ponen un límite más autoritario de lo que deberían. Sin embargo, aunque para algunas cosas sea más cómodo —sin olvidar el privilegio que supone no tener una sociedad detrás juzgando las decisiones que tomas y la libertad que tienen los hombres para cubrir sus necesidades y deseos sin presiones—, el estereotipo de género limita a los padres a la hora de conocerse a sí mismos y a sus hijos, de conectar con ellos; genera muchísimos problemas en lo emocional, tanto internos como externos, con los niños, y dificulta disfrutar de la intimidad. El poder y la autoridad que supone en una sociedad patriarcal ser hombre y padre aleja a muchos de sus hijos, tal y como los alejó de sí mismos.

El patriarcado, además, inevitablemente, afecta a la relación de pareja. Mantener una relación en la que se mantienen estos roles es una forma de transmitir a los niños lo que deben hacer en el futuro, dónde se deben posicionar dentro de una pareja y hasta dónde deben tolerar.

No puedo dejar de nombrar las dinámicas de violencia que se dan dentro de las parejas para prolongar estos roles y, por tanto, la opresión de las mujeres y el privilegio de los hombres. La exposición a la violencia de género es una experiencia muy estresante en la infancia, y supone un riesgo en la relación con uno mismo y con los demás, por lo que se legitima la violencia como forma de relación válida y de resolución de conflictos.

La buena noticia es que los roles de género no son realidades inamovibles y que los estereotipos no son más que creencias, pero no tienen por qué ser la realidad. Estamos comenzando a ver diferentes tipos de maternidades y paternidades que tratan de salirse de los roles habituales para no perpetuarlos, que buscan conocerlos como un reflejo de parte de nuestra historia y un filtro a través del cual hemos interiorizado un montón de creencias que nos limitan y que podemos cambiar. Los roles de género no son más que una construcción social que nos encorseta y nos limita para salirnos del papel que se espera de nosotros y, como tal, es importante cuestionarlos.

Romper socialmente con los roles de género establecidos es importante para mejorar la relación con nuestros hijos e interactuar con ellos. Nos liberará a nosotros, cambiará por completo la posibilidad de conectar con ellos, nos permitirá verlos desde una perspectiva en el que hay menos barreras para aceptarlos y transmitirles nuestro amor y nuestra seguridad sin condiciones. Y, por supuesto, les dará permiso para ser quienes ellos quieran ser, independientemente de su sexo.

Espero que quede claro que, aunque hay mucho (muchísimo) que podemos revisar y hacer a nivel individual, necesitamos el apoyo de nuestro entorno más cercano y también el de la sociedad.

Además, tal y como ya vimos a lo largo de este libro, los cuidadores primarios —que suelen ser las madres en nuestra sociedad— son importantísimos en el desarrollo del sistema nervioso de los pequeños. Por ello, necesitamos hacer una reflexión amplia sobre las formas en que la sociedad cuida y apoya a las mujeres, y cómo podemos dejar de violentarlas cuanto antes.

La sociedad patriarcal en niños y niñas

De la misma manera que de las madres se espera comprensión y empatía, y de los padres, fuerza y valentía, de los niños y de las niñas también se esperan cosas desde el momento en el que se nos comunica el sexo de nuestro bebé, cualidades que, tal y como decía, nos encargamos de buscar, resaltar e incluso forzar en la infancia para sentir que nuestro hijo encaja en lo que *debería ser*. Nuestras creencias sobre las diferencias entre niños y niñas son las que hacen que fomentemos o prestemos más interés en desarrollar o resaltar determinadas habilidades y en gestionar de determinada manera el comportamiento de niños y niñas desde su nacimiento, convirtiéndose en una *profecía autocumplida,* reforzando la creencia de que los cerebros de mujeres y hombres son distintos.

> **"**
>
> El sesgo de confirmación es la tendencia a encontrar o recordar la información que confirma nuestras percepciones u opiniones.
>
> **"**

La existencia de roles de género nos invita a resaltar y valorar en las niñas las cualidades que consideramos valiosas en ellas y en los niños las cualidades que consideramos valiosas en ellos.

> **"**
>
> Algunas creencias que nos transmite el patriarcado:
>
> - Las niñas son más tranquilas, cariñosas y maduras.
> - A las niñas les gusta el rosa, las muñecas, dibujar...
> - Las niñas no se enojan.
> - Las niñas llevan aretes, faldas, ropa rosa, cabello largo...
> - Los niños son violentos, más inquietos y más inocentes.
> - A los niños les gusta el futbol, las pistolas, el color azul, ensuciarse...
> - Los niños no lloran.
> - Los niños llevan pantalón, ropa con dinosaurios, cabello corto...
>
> **"**

Todas estas creencias, y nuestra forma de actuar en relación con ellas, mandan un mensaje claro a niños y niñas sobre su papel en la sociedad, sus capacidades, sus fortalezas y sus limitaciones;

un mensaje tremendamente sesgado por el patriarcado, que tendrá impacto en toda su vida si no lo abordamos.

> " Un dato interesante (y preocupante): varios estudios demuestran que a los seis años las niñas ya han llegado a una errónea conclusión, que son menos inteligentes que los niños. "

Las necesidades de los niños y de las niñas son las mismas: adultos sensibles y responsivos que los dañen lo menos posible y que sean capaces de reparar. Lo contrario los somete a un estrés al que se adaptarán de diferentes formas. Las creencias que tenemos sobre ellos pueden distorsionar por completo la forma en que los vemos y limitar la sensibilidad que podamos tener con ellos y, en consecuencia, nuestra forma de actuar, el daño que podemos hacerles y la conciencia de la necesidad de reparación de ese daño.

Desde las creencias patriarcales sobre niñas y niños, nos será más difícil comprender y aceptar la ira de las niñas porque «tienen que ser amables», o el llanto de los niños, ya que «los niños valientes no lloran». Nos será más difícil permitir la exploración y el juego si tiene que ver con lo que consideramos que corresponde al otro género. Es decir, puede que veamos un peligro que no existe porque un niño juegue con muñecas o porque una niña quiera llevar el cabello corto y jugar al futbol. El rechazo, el enojo o la invalidación de lo relativo a lo que consideramos de otro género es igual de doloroso que cualquier otro rechazo y afectará a su autoestima, a la imagen de sí mismo y a la relación con nosotros: «Si me gusta esto, pero está mal, ¡tal vez yo tengo algo malo!».

Encasillarlos en roles que los limitan nos convierte en cómplices de una sociedad patriarcal que quiere perpetuar creencias falsas que son la base que justifica algunas de las actuaciones violentas que tenemos como padres. Será más fácil que ejerzamos violencia hacia los niños, los castiguemos o neguemos sus emociones si creemos que los niños no lloran o no tienen miedo. O que castiguemos, invalidemos o culpemos a las niñas que se enojan con libertad, llamándolas *mandona, tóxica* o expresiones similares. Recordemos que una necesidad básica de los seres humanos cuando somos pequeños es que acepten quienes somos, lo que sentimos, lo que nos gusta y lo que deseamos. Necesitamos confianza, amor incondicional, cercanía y apoyo. Los roles de género son una barrera enorme a la hora de conseguir eso: un obstáculo que los niños están expuestos de forma continua.

¿Qué podemos hacer? Si queremos que esto cambie, vamos a tener que enfocarnos en **validar tanto los atributos que sean típicamente considerados femeninos como los típicamente masculinos tanto en los niños como en las niñas,** ya que, en realidad, no pertenecen *per se* a ninguno de los dos. Es decir, podemos valorar la sensibilidad en niños y niñas, la valentía en niños y niñas, la inteligencia en niños y niñas..., en la medida en la que esté, no porque tengan pene o vulva.

Podemos revisar el impacto que el patriarcado ha tenido en nuestra forma de actuar, pensar, relacionarnos e incluso sentir (ya que ha habido emociones prohibidas o penalizadas). Podemos revisar la violencia que hemos normalizado, la situación de opresión o privilegio en la que estamos y cómo la estamos gestionando. Podemos leer, educarnos, dialogar con nuestra pareja y mostrar diferentes modelos en los que el respeto y la libertad de ser tengan más espacio.

LA SOCIEDAD CAPITALISTA

Vivimos en una sociedad capitalista en la que se da una importancia enorme al trabajo, a la productividad y al éxito. En este contexto, se alaba que una mujer embarazada trabaje hasta el día del parto y está mal visto —a veces— solicitar la baja por maternidad entera, aunque tenga una duración que esté muy lejos de cubrir las necesidades que los bebés tienen durante los primeros meses de vida. Muchos padres no consideran importante disfrutar su baja por paternidad o se les presiona para no hacerlo. Vivimos en una sociedad en la que se valoran el esfuerzo, el trabajo y los resultados por encima de los cuidados y el bienestar psicológico o emocional, y eso tiene un impacto que es importante tener en cuenta. Desgraciadamente, la organización de la vida alrededor del rendimiento y del trabajo hace incluso que quien quiera no pueda estar más tiempo con sus hijos, bien por la cantidad de horas fuera de casa trabajando para poder cubrir los gastos, bien por las presiones económicas, los sueldos precarios, las distancias en las grandes ciudades, las responsabilidades de nuestros trabajos o los posibles castigos por no asumirlas todas... Tal y como decía anteriormente, no es fácil tomar decisiones que no encajen con el sistema en el que vivimos.

Algunas personas tienen la opción de cambiar de trabajo, de ciudad o emprender para organizar su vida de forma que la necesidad de presencia de sus hijos sea protagonista, pero es importante que sepamos que quien puede hacerlo está en una posición privilegiada. Para muchos es una opción inviable (al menos a corto plazo) y, aunque no sea por su culpa, la falta de tiempo con sus hijos tendrá un impacto en la relación con ellos que no podemos ignorar.

El impacto de la sociedad capitalista en niños y niñas

De la misma manera, las creencias asociadas al sistema en que vivimos se cuelan en el filtro con el que miramos a nuestros hijos, poniendo mucha atención en el rendimiento, los logros, las notas, incluso en si consiguen hitos evolutivos antes o después que otros pequeños, llegando a formarse verdaderas competencias entre padres por ver si su hijo es más rápido que el hijo de otro, aunque eso no tenga importancia alguna en su desarrollo. Es la cultura del logro, de la competitividad y del éxito proyectada incluso en bebés.

Nos hemos cansado de escuchar que con los niños es mejor la calidad que la cantidad de tiempo que pasamos con ellos, y en realidad no es así. Los niños necesitan de nosotros, de nuestra presencia física y emocional: cuanto más pequeños, más presencia necesitan. Llegar a la hora del baño y de la cena, como ocurre en muchas familias cuyos niños tienen meses, o externalizar los cuidados —que como opción política se plantea como la más factible— y dejar a los niños en las escuelas preescolares durante muchas horas para que los padres sigan trabajando no es benéfico para los niños. Quizá sí sirva para calmar nuestra angustia o la sensación de culpa, pero no ayuda si queremos enfocarnos en que nuestros hijos estén lo mejor posible. Igualmente, se afirma que los niños necesitan socializar en la etapa de 0 a tres años para justificar e incluso alentar separaciones, generalmente de muchas horas, a partir de los cuatro meses —que es cuando termina el permiso de maternidad en España—, pero solo responde a una necesidad adulta. No quiero decir con esto que en las escuelas preescolares se haga un mal trabajo —eso dependerá de la escuela— o que no haya una estimulación que potencie el desarrollo de los pequeños, pero lo cierto es que la gran mayoría de las escuelas están organizadas para que los adultos puedan ajustar sus obligaciones laborales y familiares, y no creadas exclusivamente por la necesidad de los niños.

> "
> El permiso de paternidad de dieciséis semanas en España, intransferible a la madre, no tiene en cuenta las necesidades de los bebés, sino que trata de reducir la discriminación laboral que las mujeres sufren por ser madres. Aunque proteger el trabajo de la madre puede ser una forma de cuidar las necesidades de esta y la economía de la familia, no protege las necesidades básicas del bebé en los primeros meses, ya que la separación de su madre implica un estrés que es importante tener en cuenta.
> "

A medida que los niños van creciendo, comienza la presión por las actividades extraescolares, los idiomas, los deberes, olvidando la importancia, durante los primeros años, del juego libre y del contacto con la naturaleza. Muchos padres realizan la elección de escuela pensando ya en la preparatoria, sin ni siquiera plantearse cómo es el trato, la metodología o la manera de ver a los niños en esa escuela durante los primeros años. De esta forma, los ritmos de los niños se ven presionados, con una tendencia a la aceleración, a ignorar lo que no sea productivo o favorezca una futura productividad. Nos encontramos con niños que están aprendiendo a escribir a base de repetición y frustración antes de que su cerebro esté preparado, con una cantidad desorbitada de deberes desde primero de primaria. Desde pequeños ya les mandamos el mensaje de que la obligación es trabajar olvidando el descanso, la creatividad, el disfrute del aprendizaje, sus ritmos y sus necesidades, que son el movimiento y el juego, cosas que, por otro lado, de mayores queremos recuperar mediante cursos, retiros, psicólogos y *coaches,* cuando nos damos cuenta de que tienen un valor incalculable, tanto para nuestra vida personal como para la profesional.

> **Ken Robinson creó un test para puntuar la capacidad de las personas para el pensamiento divergente, un componente clave de la creatividad. Realizó el test a mil quinientos niños de kínder. El 98% de los niños puntuaron como genios en pensamiento divergente. Cinco años después, solo el 35% de esos mismos niños puntuó como un genio, y cinco años después, solo el 15 por ciento.**

En este contexto, es más fácil que rechacemos los fallos propios del aprendizaje, que los sentimientos se traten de sustituir por soluciones rápidas y que entremos en dinámicas en las que dañamos el desarrollo de nuestros hijos, a veces de forma grave. Y no se trata de que no aprendan o no se preparen para ser independientes y trabajar cuando crezcan, sino de que, desde muy pequeños, les decimos que es más importante lo que hacen que lo que son, que es más importante el resultado que el proceso. Y que es más importante tener éxito que ser feliz, tal y como seguramente nos dijeron a nosotros.

APOYOS

En resumen, se podría decir que a los padres nos faltan apoyos. La importancia de la paternidad apenas se tiene en cuenta y no existen los recursos suficientes para proteger las relaciones entre padres e hijos que, como mencionamos a lo largo de este libro, tan fundamentales son para la salud mental, emocional y física futura. La falta de atención a las familias en la etapa perinatal y en la infancia derivará en un montón de problemas de los que el sistema de salud se tendrá que hacer cargo en un futuro. Sin duda sería más rentable trabajar en la prevención que en intervenciones futuras.

Por eso, necesitamos cambios en el ámbito político, educativo, sociosanitario, y dentro de las propias familias y parejas.

En el ámbito político

Las políticas actuales no tienen suficientemente en cuenta el desarrollo de los niños ni sus necesidades. Hemos de definir bien la violencia en la infancia para que las leyes sean verdaderamente efectivas. Si no definimos qué es *violencia,* difícilmente vamos a poder prevenirla porque, como ya vimos, va más allá de dar una nalgada a un niño.

En el ámbito educativo

Las políticas bien planteadas podrían cambiar el sistema educativo, la cantidad de niños en los salones de clases, las exigencias, la formación en neurodesarrollo, la preparación no solo académica, sino personal del profesorado. Las escuelas son lugares donde se sigue ejerciendo muchísima violencia contra los niños: castigos, humillaciones, amenazas, etiquetas, exigencias desmedidas, discriminación... Las familias que eligen centrarse en mejorar la relación con sus hijos se ven a veces solas cuando quieren abrir un debate o realizan una queja en la escuela por asuntos que aún están normalizados y que están haciendo sufrir a sus hijos o dañándolos. Un ejemplo evidente son los casos de *bullying* que los centros desmienten, justifican u ocultan, obviando los graves riesgos que implica el acoso en la vida del niño que lo sufre (golpes, daño psicológico, cambios de escuela o incluso de domicilio, y la peor consecuencia de todas: el suicidio, cuyas tasas no dejan de crecer en los últimos años). Además, necesitamos que se incluya esta información como algo básico en las facultades de Psicología, Educación, Medicina, Derecho..., donde apenas se nombran el *trauma* y sus consecuencias, lo que limita enormemente la labor de prevención e intervención que podrían hacer los futuros profesionales.

En el sistema de salud

El enfoque médico apoyado por el psicológico podría ser mucho más potente y eficaz a corto plazo. Comprender que mente y cuerpo están más unidos de lo que creemos podría dar respuestas a una necesidad que existe, pero a la que no se está prestando atención. El trato de algunos profesionales en hospitales y centros de salud también podría mejorar mucho: la forma en la que comunican buenas y especialmente malas noticias, comprender por qué algunos pacientes no se adhieren a los tratamientos, no infantilizar a padres primerizos... En el caso de los niños, el consultorio del pediatra debería convertirse en un espacio donde identificar y dar una primera respuesta a aquellos casos en los que se vea o se sospeche cualquier tipo de violencia y desde donde canalizar a los servicios sociales, perdiéndoles el miedo y asumiéndolos como un recurso de apoyo.

En la pareja y la familia extensa

Al convertirnos en padres y estar en contacto con nuestro bebé podemos sentir cosas que nos confunden, que no sabíamos que estaban ahí o que nos resultan nuevas. El bebé actúa como reflejo de nuestro mundo interior y despierta nuestra memoria y nuestros recuerdos sobre cómo fue para nosotros el inicio de nuestras vidas. Continúa ocurriendo a medida que nuestros hijos crecen y es un factor muy importante que tener en cuenta a la hora de llegar a acuerdos como padres, de repartir responsabilidades, de entender el comportamiento del otro y buscar estrategias y apoyos, aunque muchas veces se convierte en problemas muy confusos que nos separan. Por eso, y por lo demandante que es en sí misma la tarea de traer un hijo al mundo, es normal que las parejas pasen por una crisis tras la llegada, al menos, de alguno de sus bebés.

«No me reconozco», «No sé por qué me siento así», «Me da miedo mi reacción cuando tiene un berrinche»... Que se despierten muchas sensaciones que hasta ahora no habíamos reconocido es muy común. Vemos el trato de nuestros padres a nuestros hijos y se despiertan sensaciones, recuerdos..., bien al constatar que tratan a nuestro hijo de forma muy diferente, más positiva, a como lo hicieron con nosotros, bien porque el trato que tienen con él nos sirve de espejo del que recibimos, y que fue doloroso. Experimentamos a veces que, como padres y adultos, nuestro criterio todavía no es importante, se traspasan nuestros límites, se critican nuestras decisiones y —con la excusa de ayudarnos— revivimos los chantajes, los juicios y el control que recibíamos de pequeños. Por eso es normal que también surjan problemas con la familia de origen. Entramos en un territorio complicado en el que sentimos parte de nuestra historia, que tenemos la oportunidad de reparar, pero es difícil encontrar el tiempo, el espacio y la energía, al tener que atender a nuestro propio hijo.

Todo esto puede provocar problemas en la pareja, al haber, al menos, un miembro que sigue buscando la valoración y la aprobación de su familia de origen, aunque sea pasando por encima del bienestar de la familia creada: se convierte en un niño en el cuerpo de un adulto; hace lo que sea para que sus papás lo vean, entiendan y valoren. ¿Cuántos padres obligan a dar un beso a los abuelos para que no se pongan tristes? ¿Cuántos se sienten presionados a castigar a sus hijos para que no les digan que están siendo muy blandos? ¿Cuántos soportan invasiones de su intimidad sin poner límites porque «solo me quieren ayudar»?

Grupo de pares

Somos seres sociales y, como tales, necesitamos compartir, hablar, expresarnos, vernos reflejados en las mismas experiencias que otras personas. El apoyo no solo emocional, sino logístico, es necesario: alguien que permita que descansemos, que nos recuerde el camino que ya transitamos y lo que hicimos como nos habíamos propuesto.

Los grupos de crianza se basan en esto, en poder hablar de lo que hasta ahora no se ha hablado, acabar con el peso de las madres ideales (los padres aún no se han movilizado para conseguir espacios propios tanto como las madres, aunque es igual de necesario), y compartir información y recursos para afrontar la crianza. En aquellas áreas en las que sea más difícil encontrar este tipo de grupos que encajen con nuestro deseo de tratar a nuestros hijos sin violencia, el parque podría convertirse en un lugar de soporte para padres y madres, de no juicio, de compartir experiencias, dudas y recursos. **Recuperar la relación con los vecinos, con la comunidad cercana, habilitar espacios comunes, son formas de transmitir a las familias que no están solas y que hay toda una comunidad dispuesta a apoyarlas.** Por eso es esencial que todos comprendamos la importancia del buen trato, para que cada padre y cada madre puedan sentirse acompañados estén donde estén.

EVENTOS QUE NO PODEMOS CONTROLAR

Más allá de aquellas cosas que podrían cambiarse en los diferentes sistemas que nos rodean, me gustaría dedicar un pequeño apartado a hablar de esos sucesos que ocurren sin que nosotros tengamos nada que ver en ello y que no podríamos haber evitado, aunque hubiéramos tenido información y hubiéramos querido hacerlo. Eventos accidentales, como dificultades en el parto, enfermedades, muertes, pandemias..., sucesos, al fin y al cabo, que no elegimos ni propiciamos de ninguna forma, que no son nuestra culpa y que, aun así, van a ser factores estresantes e incluso traumáticos con los que vamos a tener que lidiar y de los que de una manera u otra nos vamos a tener que hacer cargo.

> **Daniel tenía cinco años** cuando comenzó la pandemia de COVID-19. Había tenido un hermano pequeño hacía unos meses y era difícil para él no pasar tanto tiempo con su madre. Cuando comenzó la primera cuarentena, sus padres tuvieron que trabajar en casa y no pudieron estar con él. Además, el cambio de humor de estos, que no podían hacer todo, producía muchos gritos y malas caras en casa, algo a lo que no estaba acostumbrado. Daniel comenzó a hacerse pipí encima de día y de noche. Sus padres no tenían muchas alternativas: su estrés era real, y las opciones, pocas. Sin embargo, eso no hizo que el impacto en Daniel fuera menor y, en cuanto pudieron, buscaron ayuda para atender y reparar lo que le había ocurrido a su hijo.

CONCLUSIÓN

El desconocimiento sobre los niños es algo transversal a todos los estratos de la sociedad y, por tanto, es necesario atenderlo desde todos y cada uno de ellos. Por eso este libro no es solo para padres, porque, aunque como padres somos tan importantes y ejercemos la violencia de manera más directa, tenemos todo un sistema detrás apoyando esa violencia, normalizándola o ignorando todo sin dar alternativas reales, información adecuada y soporte suficiente.

Sea como sea, y aunque como ya vimos lo de «la culpa es de los padres» es mucho más complejo de lo que parece, el resultado de la violencia que ejercemos es el mismo, se apoye en lo que se apoye. Es preciso realizar un análisis social para actuar en diferentes niveles con un objetivo común, pero el hecho de que el maltrato que hayamos vivido sea consecuencia de una sociedad patriarcal, capitalista o negadora de los traumas que han ido pasando de generación en generación no quita ni un poco de dolor y de sufrimiento por las secuelas que acarreamos. Y, por supuesto, es un análisis que los niños son incapaces de hacer. Los adultos somos los únicos que podemos solucionar y girar nuestra mirada hacia formas de prevenir e intervenir sobre estos asuntos, poniendo en el centro el bienestar de la infancia.

RESUMEN

- *Existe un maltrato a la infancia aceptado del que estamos siendo todos cómplices.*
- *Nosotros vivimos la misma violencia o más que la que está sufriendo la infancia en la actualidad.*
- *No somos responsables de lo que nos pasó ni de las secuelas que nos dejó, aunque sí de hacernos cargo de ellas para no seguir prologando el daño.*

→

- *Vivimos en un contexto que justifica y favorece la desconexión con los niños.*

- *Desde diferentes ámbitos, es urgente que se comprenda la vulnerabilidad y la necesidad de protección a la infancia, y la importancia de informar, atender y trabajar con los padres para asegurar esa protección.*

- *La escuela, el personal médico, las leyes... pueden ser un factor de protección si son sensibles y responsivos, sirviendo además como ejemplo a los padres y modelando así su forma de educar.*

- *En una sociedad que tiene normalizado el maltrato a la infancia no podemos esperar que niños y niñas crezcan con una autoestima sana o sin secuelas.*

- *La violencia que ejercemos desde todos los ámbitos provoca problemas en el desarrollo emocional, psicológico y físico, igual que nos pasó a nosotros.*

- *Las familias podemos ser un escudo frente a toda la violencia que crece de otros espacios, pero necesitamos apoyo para educar con respeto.*

Ejercicios

Yo con mi hijo

Para acercarnos a este último apartado y sacarle el mayor provecho posible, es importante que hayas dedicado el tiempo necesario a los ejercicios anteriores: el relativo a tu infancia y a tu adultez. Si al continuar leyendo descubriste cosas nuevas, puedes volver atrás y anotarlas. Muchas veces, como padres, queremos empezar por lo que tenemos que hacer con nuestros hijos, saltarnos los pasos anteriores, pero pocas veces nos funcionará hacerlo en ese orden. Lo normal es que, si nos observamos a nosotros mismos, primero encontremos dificultades, limitaciones o resistencias que hagan que no podamos sostener en el tiempo las pautas que creamos o que nos digan que nuestros hijos necesitan.

En este apartado vamos a explorar nuestras reacciones y maneras de actuar con nuestros hijos y a continuar comprendiendo su origen. De esta manera, será más fácil deshacernos de la culpa continua que nos acompaña cuando fallamos y, al entender el origen, la magnitud y la realidad del problema, podremos buscar la mejor manera de responsabilizarnos, de asumir la culpa sana del daño que estemos haciendo, o de gestionar y empezar a buscar soluciones adecuadas a los problemas con nuestros hijos. Aunque puede que muchas personas vean similitudes entre lo que vivieron como hijos y lo que hacen como padres, otros quizá descubran que las reacciones que tienen con sus hijos o la manera de tratarlos son el polo opuesto a cómo los trataron a ellos en la infancia o cómo se tratan a sí mismos en la actualidad. Es normal. En realidad, cuando nos vamos al polo opuesto, cuando intentamos de todas las formas posibles ser lo opuesto a nuestros padres, seguimos pendientes de lo que ocurrió, en vez de lo que está ocurriendo ahora con nuestros hijos. No estamos actuando de acuerdo a lo que necesitan nuestros hijos, sino para ser *diferentes* a nuestros padres.

Si tienes varios hijos, responde a las preguntas de los siguientes apartados por separado para cada uno de ellos. Cada uno de los hijos que tenemos nace en un momento diferente de nuestras vidas y despierta en nosotros cosas distintas que nos pueden llevar a tratarlos de forma muy diferente, incluso opuesta. Además, la dinámica de la familia cambia cada vez que nace un hijo, por lo que la idea de que nuestros hijos tienen «los mismos padres» no es del todo así. Tenerlo en cuenta es importante para aceptar la realidad de que existan favoritismos, comparaciones, aprendizajes o limitaciones que quizá solo con un hijo no ocurren, pero que cuando tenemos más, sí. Cuando leas cada una de las situaciones propuestas, pregúntate:

1. Cómo te sientes en cada una de dichas situaciones.
2. Qué haces.
3. Qué dices.
4. Qué piensas.
5. Qué crees que siente tu hijo.
6. Qué dice.
7. Qué hace.
8. Qué crees que piensa sobre sí mismo, sobre ti y sobre su relación si lo pudiera expresar claramente con sus palabras.

Hagámoslo:

- ¿Qué sucede cuando tu hijo se lastima? ¿Puedes recordar y describir una situación concreta en que haya ocurrido hace poco?
- ¿Qué pasa cuando tiene miedo? ¿Puedes recordar y des-

cribir una situación concreta en que haya ocurrido hace poco?

- ¿Qué sucede cuando tiene ganas de llorar? ¿Puedes recordar y describir una situación concreta en que haya ocurrido hace poco?
- ¿Y cuando se enoja? ¿Puedes recordar y describir una situación concreta en que haya ocurrido hace poco?
- ¿Qué sucede cuando logra algo? ¿Puedes recordar y describir una situación concreta en que haya ocurrido hace poco?
- ¿Y cuando falla? ¿Puedes recordar y describir una situación concreta en que haya ocurrido hace poco?
- ¿Qué pasa cuando se despiden? ¿Puedes recordar y describir una situación concreta en que haya ocurrido hace poco?
- ¿Cómo muestras cariño a tu hijo? ¿Puedes recordar y describir una situación concreta en que haya ocurrido hace poco?
- ¿Cómo recibes el cariño de tu hijo? ¿Puedes recordar y describir una situación concreta en que haya ocurrido hace poco?
- ¿Cómo manejas los problemas con él? ¿Puedes recordar y describir una situación concreta en que haya ocurrido hace poco?

¿Hay algo en tus respuestas que te haya llamado la atención? Comprueba si lo que haces atiende más a lo que siente él o a lo que sientes tú. Quizá percibas una incoherencia entre lo que le dices a veces («puedes decirme cómo te sientes») y lo que haces (por ejemplo, gritarle cuando se niega a hacer lo que le pides). Revisa si en tus acciones encuentras algún tipo de violencia e intenta reconocer cuál es la dificultad o la emoción que te lleva a actuar de esa manera.

Las etiquetas de mi hijo

¿Qué etiquetas pones a tu hijo? Tal y como ocurre con nosotros mismos y las etiquetas que llevamos puestas sin conciencia, a veces tampoco nos damos cuenta de las que ponemos o pusimos a nuestros hijos, y que llevan pegadas sin saber cómo quitárselas. Antes de afirmar que tú no pones etiquetas (o en el caso de que no tengas conciencia de hacerlo), dedica un tiempo a pensar en cómo definirías a tu hijo y, si quieres, presta atención a lo largo de los próximos días a tu forma de hablarle y de hablar de él con otras personas. Quizá te ayude a profundizar en este tema. ¿Dices que es bueno, malo, gritón, desobediente, valiente, listo, desastroso, intenso...? ¿En qué situaciones lo dices? Aunque no lo digas en voz alta, ¿actúas como si él fuera así? ¿Tiene que ver con las etiquetas que te ponían a ti?

Ya vimos que las etiquetas, en general, no son buenas aliadas. Una estrategia para dejar de usarlas es, tal y como hicimos en los ejercicios anteriores, simplemente describir la realidad que estábamos intentando transmitir con la etiqueta eliminando el juicio. Eso nos va a ayudar a comprender lo que ocurre dentro de nosotros y a conectar más con lo que sucede dentro de nuestro hijo. Si tomamos conciencia del uso que hacemos de las etiquetas y los ayudamos a describir lo que les ocurre, van a comprender mejor su mundo interior, a adquirir vocabulario para poder explicarlo más adelante, y a sentir una mayor conexión y confianza con nosotros.

Etiqueta	Lo que describe para ti	Función
Ridículo	Llora por algo que me parece una tontería	Humillarlo para que no llore por ese tipo de cosas

→

Valiente	Actúa sin miedo o se olvida de que lo tiene	Negar un sentimiento que nos molesta o que no sabemos gestionar como padres

Imaginemos a un niño al que se le rompe una pintura y llora. A nosotros nos parece ridículo y así se lo decimos: «Estás siendo ridículo». La realidad es que tanto si el niño cree que es ridículo por llorar como si se le permite molestarse o frustrarse, el llanto no va a durar para siempre. En algún momento, en ambos casos, dejará de llorar, pero dependiendo de si lo etiquetamos de llorón o ridículo, o le decimos que entendemos que le pudo enojar mucho que su pintura se rompiera, le haremos daño o no.

Seamos realistas. Aun intentando no usar etiquetas, seguramente lo hagamos. Es normal tender a simplificar lo que queremos decir. Además, vivimos en un mundo en el que se usan y nuestros hijos las van a escuchar de otras personas y las van a repetir. Podemos dedicar un tiempo a explicar lo que para mucha gente significan algunas etiquetas y los motivos por los que las usan. De esta forma podremos suavizar la culpa, la vergüenza y la presión que sienten los niños al recibirlas.

Por ejemplo, cuando nuestro hijo nos dice: «La maestra se enojó y me dijo que soy travieso porque estaba rompiendo un papel en muchos pedacitos», podemos responder: «A veces, los mayores decimos eso cuando estamos exaltados, es una manera de decir que tu forma de jugar no le gusta en ese momento y preferiría que estuvieras haciendo algo más tranquilo». Además, podemos resignificar etiquetas, es decir, ampliar o cambiar el significado que algunas etiquetas tienen para muchas personas y darles uno nuevo que ayude a validar las experiencias internas de nuestros hijos y les permita tener una imagen de ellos mismos más positiva y constructiva.

- Ser valiente no es solo atreverse a hacer algo sin miedo, sino decir que tienes miedo.
- Ser cobarde, a veces, es ser lo suficientemente valiente para aceptar que necesitamos protegernos o respetar nuestros tiempos.
- Ser listo no es solo saberlo todo, sino reconocer lo que no se sabe.
- Ser seguro no solo es creer en uno mismo, sino también no temer mostrar nuestros sentimientos, sean los que sean (miedo, vergüenza, tristeza...).
- Ser malo, a veces, significa sentirse mal y no encontrar una forma de explicarlo.
- Ser antipático puede significar respetarse a uno mismo y no forzarse a comportamientos que no se desean realizar, como dar besos a quien no se quiere.

¿Cómo resignificarías las etiquetas que pones a tu hijo?

Qué rechazo de mi hijo

Es el turno de explorar ahora qué es aquello que rechazamos de nuestros hijos. Si analizamos esas etiquetas vamos a tener pistas sobre lo que rechazamos: qué nos cuesta tolerar, qué queremos cambiar más que nada o qué intentamos ignorar para evitar lidiar con ello.

	Lo aceptan	Lo rechazan
Mi tristeza		
Mi alegría		
Mi ira	⬚	⬚
Mi miedo		

Sus comportamientos, ¿cuáles?	☐	☐
Mis formas de pensar	☐	☐
Mi físico	☐	☐
Mis gustos	☐	☐
Mis logros	☐	☐
Que se haga mayor	☐	☐
Su sexualidad	☐	☐
Su dependencia	☐	☐

- ¿Puedo tolerar en mis hijos aquello que no tolero en mí?
- ¿Qué es lo que más me enoja, molesta o desespera? ¿Tiene algo que ver conmigo?
- ¿Me quiero comprometer a aceptar esa parte de mí para dejar de rechazarla en él?

> " Rechazar en mí aquello que las personas a las que necesitaba rechazaban de mí es una forma de adaptación valiosa. No es algo malo, tampoco mi hijo lo es. Ahora puedo aceptarlo y evitar transmitirlo. "

La relación entre hermanos

Teniendo en cuenta que cada hijo es diferente y nos despierta cosas distintas, ya que realizaste los ejercicios anteriores con cada uno de ellos, responde con honestidad estas preguntas:

- ¿Tengo favoritos?
- ¿Qué me gusta más de uno que de otro?
- ¿Qué es lo que me resulta fácil o difícil con cada uno?
- ¿Utilizo a uno para hacer sentir mal a los otros por medio de las comparaciones?
- ¿Prefiero a alguno en sus problemas?
- ¿Me recuerdan a diferentes personas de mi familia y eso me afecta?

Una vez que hayamos respondido a todas estas preguntas, podemos continuar con el siguiente ejercicio:

- Siéntate en un lugar cómodo que te dé soporte.
- Toma conciencia de tu respiración. Fíjate en su ritmo, su profundidad, su cadencia. La respiración te da mucha información sobre cómo estás ahora. Puedes respirar más profundamente, si quieres, y notar el cambio que genera en ti.
- Cuando estés listo, recuerda una situación en la que hayas perdido la calma con tu hijo. Reproduce en tu memoria el episodio como si pudieras hacerlo en cámara lenta y detenerlo cuando quisieras. Nota el gesto, la mirada, la tensión que muestras en cada escena del episodio. ¿Cuándo empezaste a ponerte tenso? ¿En qué parte de tu cuerpo notas esa tensión? ¿Cómo era tu respiración? ¿Qué es lo que sentías en ese momento?

- Reconoce esa tensión, respira, trata de dar importancia a lo que se despertó dentro de ti y, a la vez, trata de liberar la tensión.
- Crea con tu imaginación un lugar seguro para dejar las emociones, las preocupaciones, las heridas o las necesidades que estén bajo esa tensión. Imagina que al soltar la tensión las dejas ahí para poder atenderlas más tarde.
- Vuelve al episodio y mira a tu hijo. ¿Cómo está? ¿Cómo se siente? ¿Qué necesita?
- Imagina que puedes inclinarte a su altura y decirle algo diferente ahora que tu tensión no está siendo un obstáculo. ¿Qué le dirías? ¿Cómo lo haces ahora?
- Date un tiempo para reconocer tu tensión, tus sensaciones, tus emociones, tus preocupaciones y necesidades, o esos asuntos que ocupan tu mente, y déjalos en tu lugar seguro durante un momento.
- Dedica un tiempo a reconocer tu capacidad de conectar con tu hijo de otra manera. Puedes verte a ti y verlo a él.
- Si quieres, puedes pedir perdón a tu hijo por lo que pasó y decirle esas palabras que crees que él necesitaba escuchar. Nunca es tarde para reparar.

10

Y AHORA, ¿QUÉ?

Es difícil saber por dónde empezar una vez que desterramos todas las creencias, los comportamientos y las prácticas. Aunque a lo largo de este libro he dado algunas claves, quizá resulte útil insistir en dos herramientas poderosas para plantear el cambio: la escucha y los límites. Pruébalas, detecta tus dificultades y comienza a explorarlas. El trabajo que cada padre y madre tenemos por delante es complejo. Para cada persona será diferente, pues parte de su propia historia, de sus recursos y dificultades, pero recuerda que hay algunas armas poderosas que nos ayudan a integrar lo que nos ocurrió en la infancia, lo que nos sucede como adultos y, por supuesto, lo que acaece en la relación con nuestros hijos.

Voy a centrarme en el uso de estas herramientas con nuestros hijos, pero sería interesante aplicarlas también con nosotros mismos: con el niño que fuimos y con el adulto en el que nos convertimos.

ESCUCHA

Escuchar es una de las herramientas más eficaces para conectar con nuestros hijos. Nos permite acercarnos con curiosidad a ellos, a lo que nos quieren contar y a lo que no, así como a sus necesidades. La escucha nos permite conocerlos con mayor profundidad y comprender sus límites. Si aprendemos a escuchar, la relación con nuestros hijos mejorará significativamente. **Escuchar no es un acto pasivo,** no se trata solo de estar en silencio hasta que nos toque responder. **Es un proceso activo de interés, reflejo y empatía que ayuda a comprender, profundizar e indagar en el mundo interior de la persona a la que estamos escuchando.**

Escuchar supone validar, en vez de tratar de convencer a nuestros hijos de que lo que les ocurre no es importante, de minimizarlo, tratar de racionalizarlo, hacerlo pasar rápido, cambiarlo o solucionarlo inmediatamente. Muchos padres tienen miedo de que esta forma de escuchar haga que los niños queden atrapados en sus emociones desagradables, que sus sentimientos se hagan más grandes y se produzcan comportamientos que consideran indeseables. Sin embargo, esta forma de acercarse a las emociones es la única manera de «desanudarlas», de hacer que las conductas realmente disruptivas o no deseables desaparezcan —a veces de forma sorprendentemente rápida; otras, no.

Imagina el primer día de escuela de tu hijo: él siente un nudo en el estómago y está muy alterado, pero no acaba de entender lo que le pasa. Puedes decirle: «No te preocupes, la vas a pasar muy bien, la escuela es muy divertida», y puede que sea verdad. Sin embargo, seguirá sin comprender lo que le ocurre y seguramente viva en soledad ese sentimiento tan grande y difícil de gestionar. Imagina ahora que le dices: «Es normal que te dé miedo, aún no conoces el salón, ni a la profesora ni a tus compañeros. Ese nudo en el estómago te avisa que estás nervioso. ¡Qué bien que tu cuerpo te avise! Si quieres, podemos decirle a tu maestra que estás nervioso. ¿Tienes preguntas sobre tu escuela? ¿Quieres que te explique cómo será el día? ¿Hay algo que necesites? Recuerda que después de comer vengo a buscarte, nos podemos dar un abrazo, si quieres, y hablar de cómo fue el día. ¿Sí?».

En la primera opción nos centramos en lo *positivo* sin darnos cuenta de que esa expectativa puede no cumplirse (quizá el primer día sea muy difícil y el pequeño no se divierta). Le estamos pidiendo que disfrute cuando tiene miedo —lo cual es muy difícil—, y le estamos enseñando a obviar sus temores, en lugar aprender a relacionarse con ellos. De esta manera, nos perdemos una posibilidad maravillosa para conectar con nuestro hijo, mostrarle comprensión, explicarle lo maravilloso del funcionamiento de su cuerpo, conocerse y sentirse aceptado. La primera opción se centra en lo que queremos que pase; la segunda, en lo que está pasando ya. La primera se centra en hablar; la segunda, aunque también estemos hablando, en servir como espejo de lo que le ocurre y dar al niño el permiso de sentirse así. La primera puede hacer sentir presión; la segunda, alivio.

Para escuchar, podemos:

- **Servir de reflejo.** Es la forma de hacer saber que vemos lo que está ocurriendo. Se trata de poner en palabras lo que nuestro hijo dice, resumiéndolo para obtener la idea principal, o lo que no dijo, pero vemos que siente. El reflejo nunca es categórico, no es algo que nosotros imponemos, sino una forma de asegurarnos que entendemos lo que nos está queriendo decir o lo que está viviendo nuestro hijo. En el ejemplo anterior podríamos decir: «Veo que te tocas el estómago», «Parece que tu estómago dice que no quiere ir a la escuela», «Ah..., entonces te da miedo no ver a mamá...».

- **Permitir y validar.** Todo lo que viven los niños es legítimo: el miedo, las dudas, el odio, los celos, la ilusión..., y es importante que les llegue este mensaje. Evidentemente, queremos enseñarles a gestionar lo que les ocurre, pero el primer paso es darles permiso para sentir lo que sea.

- **Dar espacio para ir ajustando.** Cuando servimos de reflejo y los niños sienten un permiso real para expresar o sentir cualquier cosa (no para hacer cualquier cosa), tienen la seguridad de poder ir ajustándose a lo que estamos reflejando. A medida que los escuchamos, sus sensaciones suelen ir cambiando. Cuando esto sucada, podemos explicarles el proceso por el cual se va desplegando lo que les ocurre hasta, a veces, pasar a sentir algo completamente diferente sin necesidad de buscar más solución.

Imaginemos una conversación que sucede de esta manera:

—Veo que te agarras la pancita, ¿te duele?

—¡Sí! ¡Se me hace pequeña!

—Ah... Se te hace pequeña...

—¡No quiero ir mañana a la escuela!

—Tu estómago te está diciendo que mañana no quieres ir a la escuela... Debes de sentir muchos nervios...

—No son nervios, ¡es que no quiero!

—¡No quieres ir! Y lo dices enojada...

—¡Tú no vas a estar!

—Ah... ¿Estás enojada porque mamá no va a estar? Claro, llevamos todo el verano juntas y es difícil estar unas horas sin vernos.

La niña llora.

—Yo quiero estar contigo...

La madre acurruca a su hija en sus brazos.

—¿Y si se te olvida venir a buscarme?

—¿Eso te preocupa? ¡Si yo creyera que no me iban a ir a buscar el primer día de escuela, también tendría mucho miedo! Te prometo que voy a ir a buscarte a las doce. Voy a estar justo en la puerta. ¿Te gustaría que diéramos un paseo hasta la escuela para enseñarte dónde estaré?

Asiente.

—¿Y cómo sé que no me vas a olvidar? Ah... ¡Ya sé! ¡Que te avise el teléfono!

—¡Qué buena idea! Pondré una alarma en el teléfono. ¿Me ayudas?

- **Preguntar.** Algunas personas creen que quien escucha no debería preguntar, sin embargo, no es así. Las preguntas, cuando se formulan desde el interés, sin bombardear y dirigidas a ayudar a los niños a expresar lo que necesitan decir no tienen nada de malo.

- **Ofrecer explicaciones descriptivas.** Esto es, explicar el mundo y no imponer el mundo. Es interesante practicar la habilidad de describir lo que ocurre dentro y fuera de nuestros hijos de manera descriptiva para que después puedan tomar decisiones y dar pasos basados en su experiencia, no en nuestras creencias, interpretaciones o deseos.

Abel, de cinco años, acaba de tener un hermano pequeño. Sus padres dicen que es un niño celoso, por lo que han intentado convencerlo de que tener un hermano no está tan mal, recordándole aquellos momentos agradables en los que decía que estaba muy contento de tener un hermanito. Cuando escucha esto, el enojo y los celos de Abel van en aumento: «¡No quiero que exista!», expresa. Después de revisar su forma de escuchar, los padres de Abel deciden hacer un cambio de estrategia y acercarse de otra forma a su hijo. Poco tiempo después, su madre comparte conmigo una conversación con Abel que transcurre así:

—Debe de ser muy difícil convivir con alguien que no quieres que exista —la madre utiliza la validación y el reflejo—, a veces, tener un hermano pequeño es difícil —dice empleando la explicación descriptiva.

—¡Sí! ¡No lo aguanto! ¡Siempre me hace enojar! ¡¡A veces no lo quiero!!

—Ah, no sabía... A veces no lo quieres y crees que siempre te hace enojar...

La madre de nuevo hace de reflejo.

—Sí, iiy a veces lo quiero mucho!! —Su mundo interno se empieza a desplegar.

—A veces no lo quieres y, a veces, mucho, suena confuso... —La frase es un reflejo de lo que dice el niño y de lo que puede estar sintiendo.

— Sí... En realidad, lo quiero, pero quiero pasar más tiempo a solas contigo...

—¿Es eso lo que quieres? ¿Crees que te ayudaría pasar más tiempo a solas conmigo? —pregunta.

—Sí, estás todo el tiempo con él. —Iván baja la cabeza.

—Oh, pareces muy triste cuando dices eso. No me sorprende que creas que estoy todo el tiempo con él. Los bebés necesitan mucha atención y es verdad que tengo que atenderlo mucho. —La madre ofrece una explicación descriptiva—. ¿Te parece buena idea pasar una mañana solo nosotros dos? ¿Qué te gustaría que hiciéramos? —pregunta.

—¡Está bien!

Escuchar no es solo una técnica. Desde mi punto de vista, es una actitud que, por supuesto, podemos practicar e interiorizar como parte de lo que somos. Algunas otras pistas para practicar la escucha son:

- Inclinarse a su altura.
- Mirar a los ojos. Puede que resulte invasivo si no sienten suficiente seguridad y nos evitan la mirada. No se trata de forzar, sino de entender que, cuando sea el momento, mirarlos de forma amable los ayudará a conectar.
- Ajustar lo que hacemos a lo que puedan tolerar. El contacto físico puede ayudar mucho en un momento, pero no en otro, y necesitar entonces una cierta distancia física (que no es lo mismo que «distancia en la presencia»).

- Nada de esto va a ser útil si los adultos no estamos en un lugar de seguridad interna y presencia. Por lo tanto, es imprescindible «escanear» nuestro cuerpo para saber si necesitamos respirar profundo o pedir un relevo.

> **Escribe tres situaciones que recuerdes en las que tu hijo la haya pasado mal. ¿Cómo sería escucharlo de la manera que acabo de describir?**

LÍMITES

Seguramente, para la mayoría de las personas, este sca uno de los temas más complicados de entender si aceptamos que los gritos, los castigos, los chantajes, las amenazas, las etiquetas y los golpes son violencia y, por tanto, es deseable que desaparezcan de nuestras relaciones. ¿Cómo se ponen límites sin violencia? Quizá para entenderlo sea importante definir *límite:* los límites son unos caminos simbólicos, que los padres marcamos, recordamos y ayudamos a interiorizar dentro de los cuales no hay peligro. Es decir, **los límites tienen la función de proteger y cuidar.**

Cubrir un enchufe sería un límite; tener el cuchillo en un lugar que un niño no pueda alcanzar, también; tomarlo de la mano para que tu hijo no salga corriendo cuando el semáforo está en rojo, también. Por lo tanto, no todos los límites tienen que ser hablados, muchas veces con una acción es suficiente: si mi hijo de dos años se está subiendo a un sitio peligroso, puedo agarrarlo y bajarlo tranquilamente mientras le explico que se puede caer y hacer daño (subirse a un balcón y a un tobogán no es igual de peligroso).

Pensados así, como protección, seguramente no se te ocurran tantos límites. Por ello te propongo hacer una lista.

Los límites tardan tiempo en interiorizarse; por eso, en este camino, es necesario que nos imaginemos a nosotros en el borde, impidiendo con cariño y seguridad que nuestro hijo se salga, y en el caso de que lo haga (que lo hará), apoyándolo para volver adentro, y con calma, explicarle los motivos, ayudarlo a sentirse protegido, acompañar su frustración y buscar estrategias para enseñarle a realizar el camino solo. El límite debe repetirse, explicarse, anticiparse y recordarse tantas veces como haga falta.

Dentro de los **límites de protección** se incluye uno de los más evidentes: no pegar ni lastimarse. El objetivo es que puedan relacionarse sin pegar, pero es importante saber que se trata de un propósito a largo plazo, que se necesitan mucho trabajo y mucha presencia para lograrlo, y que hasta los seis años aproximadamente es normal que el cerebro del niño no sea capaz de regularse y pegue ocasionalmente, incluso si sus padres están siendo un perfecto ejemplo de regulación emocional, sensibilidad y apoyo. Si no sabemos esto, es fácil que por miedo a que no aprendan a caminar dentro de los límites utilicemos la violencia para forzarlos a hacerlo.

Otro tipo de límites importantes son los **de autocuidado,** es decir, los que pone el propio niño. Nosotros somos los responsables de marcar, respetar y defender sus propios límites para que su camino se dibuje de forma clara y acorde a lo que nos ha mostrado que necesita. Debemos estar atentos a sus noes con respecto a su cuerpo, sus señales de hambre y saciedad, sus ritmos de sueño y de insomnio... Enseñarlos a cuidarse supone escucharlos, darles valor, respetarlos, preguntarles y defenderlos.

Imaginemos a un niño de dos años que va a casa de unos familiares y no quiere que le den un beso, al menos no cuando acaba de llegar. Respetar ese límite sobre lo que le resulta invasivo, sobre la poca confianza que tiene con esos familiares o lo poco que le gustan los besos le va a enviar el mensaje de que puede decir que no, que sobre su cuerpo hay muchas cosas que puede decidir (otras, como bañarse con periodicidad, tomar una medicina o vacunarse, no) y que si alguien traspasa sus límites tiene derecho a enojarse. Los adultos tenemos la responsabilidad de respetar esos límites y, en caso de que otra persona quiera obviarlos y darle un beso a pesar de su lenguaje no verbal o de su no explícito, es nuestro trabajo defenderlos con nuestros recursos.

Además, hay un montón de **límites del día a día** que terminan de perfilar el camino. Los límites que les toca asumir sin decidir y que simplemente son, aunque no quieran: los horarios de trabajo de los padres, la comida que hay o no hay en el refrigerador, el tiempo que están en la escuela, el profesor que les asignaron, su falta de destreza para cosas que quieren hacer ya, cumplir con rutinas como lavarse los dientes o bañarse, nuestras propias limitaciones a la hora de acompañarlos como necesitan... Por eso, el argumento de que hay que hacer que se frustren para aprender se ve debilitado cuando comprendemos la cantidad de cosas del día a día que aprenden a tolerar sin planificarlo, simplemente por la rutina diaria.

Si los ayudamos con sus límites, aprenderán a protegerse, a cuidarse y a tolerar la vida y, con el tiempo, será mucho más fácil que poco a poco vayan entendiendo la importancia de los límites del resto de las personas, lo cual tendrá un impacto no solo en nuestra relación con ellos, sino en todas las relaciones que puedan construir a lo largo de sus vidas.

"

Te propongo que elabores una lista de los límites que puedes poner en casa, pero ten en cuenta la descripción que acabas de leer sobre ellos:

- ¿Cuáles son los límites que hay en casa para proteger a tu hijo del peligro?
- ¿Qué límites de autocuidado se ponen y se respetan en casa?
- ¿Puedes dedicar un tiempo a escribir aquellos límites de la vida cotidiana —aquellos que no eligen y que aun así cumplen— que tus hijos tienen que tolerar?
- Teniendo en cuenta lo que ya sabes respecto a la escucha, ¿cómo puedes escucharlos si se frustran?

"

DESPEDIDA

Cualquier lectura necesita un tiempo para ser digerida e integrada, pero quizá por el tema que este libro trata, el tiempo sea algo a lo que prestar aún más atención. Integrar la información que acabas de leer supone aceptar una realidad a la que puede que no te hubieras acercado antes y despedirte de un *yo* que veía las cosas de una manera determinada —y puede ser que ahora mismo no sepas aún ni cómo verlas—. Dar espacio a todo lo que leíste puede generar una etapa de confusión, duda, inseguridad, vacío o incertidumbre, antes de sentir la esperanza, la seguridad o la conexión con nosotros y nuestros hijos.

Si comenzaste el libro creyendo que encontrarías cierta información que simplemente tendrías que añadir a la que tenías en la cabeza, te habrás dado cuenta de que el trabajo es más complejo. Quizá haya creencias, ideas o formas de actuar que te resulte fácil dejar atrás porque no eran demasiado importantes o significativas para ti, pero habrá otras de las que, por ser primordiales en la construcción de tu identidad, en tu manera de relacionarte y protegerte, te tendrás que despedir a tu ritmo.

Cualquier cambio da miedo, al menos un poquito. Así que a partir de ahora será importante aprender a acompañar tus miedos: a conocerlos, a comprenderlos, a darles la mano y caminar. Para ello vas a necesitar construir confianza, lugares, momentos o relaciones a los que puedas sujetarte en el camino.

Al buscar experiencias alcanzables, cosas que sí puedes hacer y mantener, por pequeñas que sean, descubrirás que eres capaz de relacionarte contigo mismo y con tus hijos de forma diferente. Puedes ir registrando el impacto que eso tiene en ti y en tu familia.

Puedes, además, compartir tu compromiso con alguna persona que te sostenga cuando dudes o tengas miedo, que valide el paso que estás dando, que confíe en ti hasta que puedas confiar en ti mismo. Que te recuerde que cada interacción con respeto, aunque sea invisible, está regando algo que puede florecer meses o incluso años después. Que lo invisible no es inútil, solo necesitas confiar hasta ver el resultado.

Estás comenzando un proceso en el que vas a fallar. Aceptar esta realidad es importante, aunque sea frustrante. Volver a las estrategias, formas de pensar o de relacionarse antiguas es una forma de buscar seguridad en lo conocido. Necesitas darte el permiso para fallar, frustrarte, pedirte y pedir perdón, y seguir adelante.

Y, por último, aunque no menos importante, puedes considerar la opción de ir a psicoterapia. Trabajar todo esto de la mano de alguien que sepa mirar más allá de lo aparente, que te acompañe sin juicio y te ayude a desarrollar recursos es un gran apoyo. Un libro es un compañero, la voz de una persona que —en este caso— trata de validar la experiencia de cada lector o lectora, y apoyarla en su camino, pero no es psicoterapia. Y ojalá lo haya conseguido. Ojalá te haya ayudado a entender y te impulse a comenzar un proceso que mejore tu relación contigo mismo y con tus hijos; que puedas profundizar lo que necesites acompañado de alguien que sepa cómo hacerlo. Lo que se daña en una relación suele necesitar de otra relación para poder repararse. Todo lo que hayas intentado hasta ahora sin éxito no significa que seas torpe o incapaz, o que nunca lo vayas a conseguir; simplemente, quizá, necesites ayuda en el proceso.

No puedo más que darte las gracias por llegar hasta aquí, por plantearte que es el momento para cambiar la forma en que tratas a tus hijos. Para empezar a observar tu infancia y la suya desde otro punto de vista. Para abrir el espacio a una mirada diferente, más bonita, más empática y más respetuosa. Para indagar en tu historia, integrarla y devolver tu aprendizaje a tus hijos —a todos los niños— en forma de buenos tratos. Es lo que se merecen. Es todo lo que nosotros nos merecíamos.

Gracias, de verdad.

Estás cambiando el mundo.